I0842514

Psicopatía

ISBN-13:
978-1985786547

ISBN-10:
1985786540

Das Buch ist für jeden, der durch ein traumatisches Ereignis ohne die Führung und angemessene Unterstützung, um das Trauma zu heilen wurde gewidmet.

Ich danke allen, die mir geholfen haben, dieses Buch zu schaffen, um Wissen über Psychopathie zu schaffen Und Menschen, die zuhören und daran glauben, Ich.

Das Buch ist für jedermann geschrieben und ist leicht zu verstehen. Es ist eine Mischung aus persönlichen Informationen und Forschung.

Traumatisches Ereignis:

Einführung

Buch Fliese:

<u>Psychopathie: die Unfähigkeit, eine andere Seite der Realität zu sehen</u>

Vertrauen Sie "niemand", wenn es um Ihre Kinder geht.

Eine reale Geschichte, die mit einem Psychopathen/Soziopath und

Kinderschänder lebt

Halten Sie nicht ruhig, wenn Sie einen Missbrauch zu sehen, egal,

wer Sie sind Sie brauchen Sprechen.

Meine Aufgabe ist es, das Bewusstsein zu schärfen.

Es gibt nicht genügend Bewusstsein über Psychopathie/Soziopathen

und Kinderschänder; Dieses Buch wird Millionen helfen zu verstehen,

wer Sie sind, Sobald wir Sie identifizieren können Alle von uns,

können wir schaffen Eine sicherere Welt für unsere Kinder und

unsere Familien.

Ich wurde verurteilt, weil ich

die Wahrheit gesagt habe.

Lesen dieses Buches sollte dazu beitragen, einige der Geheimnisse

der Psychopathie/Soziopath und Kinderschänder zu entdecken.

Lassen Sie Ihre Kinder nicht mit fremden im Internet reden.

Die Mutter und der mittlere Bruder:

Diese beiden Menschen sind böse. Die Individuen, die mit Ihnen zu

tun haben, werden schließlich ihre Beute und werden

unwiderrufliche Schäden.

Die Kampagne meiner Mutter basiert darauf, die Akzeptanz anderer

Familienmitglieder zu finden, um den mittleren Bruder, den

Psychopathen, zu akzeptieren, der Sie zu einem "Aktivator" von

allem macht, was Sie tut.

Sie betrügen mich, als ich ein Kind war, aber jetzt können Sie mich nicht täuschen. Dies ist meine Zeit, meine Geschichte zu erzählen und anderen zu helfen.

Lassen Sie Ihr Kind nie unbeaufsichtigt, oder mit fremden Dinge passieren tendenziell, und Sie tun.

Das Buch beginnt mit einer Einleitung nach der Untersuchung.

Sie können das neue Sie werden, von schikanieren zur Realisierung von, wem wir beschäftigen. Es ist wichtig zu wissen, dass diese Menschen können sehr charismatisch, liebevoll, süß, und wie man innerhalb der Gemeinschaft zu helfen, sondern vor allem wollen Sie Ihren Sohn zu nähern. Du bist kein Opfer mehr; Du bist ein Überlebender.

Als Ihr eigener Überlebender, können Sie sich selbst heilen, können Sie sich selbst helfen, wenn niemand sonst auf Sie hört, können Sie sich Ihr neues selbst.

Sie benutzten mich; Sie hatten kein Mitleid oder Empathie für Ihre

aufeinanderfolgenden Missbrauch und Trauma; Ich habe kein

Mitgefühl darüber zu reden, und die Informationen werden anderen

helfen...

Ich möchte klarstellen: als ich das Wort "Familie" in diesem Buch

erwähnt, bezieht es sich auf die beiden Brüder, Mutter und Vater

Vergangenheit, das ist alles. Andere Familienmitglieder haben

nichts mit Geschichte zu tun, und Sie können nicht nach diesem

Schriftsteller gehen, da Sie nicht Teil dieses Buches sind, Dieses Buch

ist nur über meine Vergangenheit und meine Familie bestanden die

vier Personen erwähnt 2 Brüder, 1 Mutter und 1 Vater.

Die Namen verwendet, um dieses Buch zu erstellen sind fiktiv, um

meine königliche Familie zu schützen, ist die Geschichte wahr, und

es wurde geschaffen, um das Bewusstsein zu schaffen, um anderen

Kindern zu helfen, und Familien gegen Psychopathie.

Je mehr wir in Frieden mit uns selbst sind, desto mehr finden wir

Frieden unter uns.

Gott hat mir und meiner Familie geholfen, vorwärts zu kommen mit

gesunder Liebe, Amen...

Lassen Sie Ihre Kinder nicht mit Verrückt" Im Internet ohne ihre

Aufsicht.

Sexueller Missbrauch hat eine nachhaltige Wirkung:

Ich wuchs mit Wölfen in der Wüste

Ein dunkles Biest zu zähmen.

Die Unfähigkeit, die Maske der Realität zu sehen

Weiß ich, wie du denkst? Und du? Sie sind kranke Individuen.

Diese Geschichte beginnt, als dieser Schriftsteller acht Jahre alt war. Ein unschuldiges Kind in der Wüste von Wölfen erhoben. Er nahm ein paar Lektionen im Leben zu verstehen, dass ich von Tieren angehoben wurde, in der Mitte von nirgendwo in einem kontinuierlichen Angriff von internen Quellen. Meine Mutter lehrte mich nichts über das Leben; Er hat mir nie vom Leben geraten. Sie wollte mich so unwissend wie möglich in meinen frühen Jahren zu halten, und das bedeutet Gefahr für ein Kind.

Das Buch ist eine Untersuchung, die einen Kampf ums Überleben darstellt.

Freud benutzte ein Konzept als Mittel, um die wiederkehrenden Muster von selbstzerstörerischen Verhaltensweisen zu erklären und Autozerstörer, die "Wiederholungszwang" genannt werden. Freud und Einstein "Instinkt und überleben", schlugen die Briefe, dass wir verstehen müssen, dass es kein dunkles Tier, das wir zähmen können, anders als wir. Die Antworten auf die Rätsel können in uns entwirrt werden, um zu überleben. Die Geheimnisse des Menschen und Verhaltensweisen befinden sich darin, wie wir als Individuen und als Gesellschaften unseren Ängsten und Bestrebungen entgegenwirken. Wir alle haben den Impuls zu konkurrieren, die Notwendigkeit zu kümmern, den Wunsch zu verbinden und frei sein. Die Antwort liegt darin, wie Individuen Ängsten und Bestrebungen entgegenwirken, Konkurrieren und unser Bedürfnis zu kümmern. Einstein und Freud erwähnten: "je mehr wir in Frieden mit uns selbst sind, desto mehr Gibt Frieden Vor Sie.

Kleine Note des Gewissens:

Diese Geschichte ist ein echter Überlauf von Informationen zur Unterstützung von Familien mit kleinen Kindern, basierend auf Beispielen und Forschung zur Verfügung gestellt gewidmet. Dieses Buch wurde geschrieben, um Wissen in Psychopathie zu schaffen, wichtige Zeichen für Kinderschänder suchen, Kindheit

Risikofaktoren, weibliche Psychopathie, Androzentrismus, folgen

Psychologische, die missbräuchlichen sozialen Fähigkeiten des

Kindes und die Lösung des Konflikts im Umgang mit Psychopathen.

Um mit den Lesern in Verbindung zu treten, ist dieser Schriftsteller

mit seiner persönlichen Erfahrung, um die Punkte im

Zusammenhang mit Psychopathie und Kinderschänder zu

illustrieren. Der mittlere Bruder, der Psycho und der Kind-Experte

sozialer Täter ist in der LAX; Er ist eine Gefahr für die Gesellschaft.

Die Mutter glaubt ihm und schützt ihn, was ihn noch schlimmer

macht für Menschen, die sich auf den Räuber beziehen. Dieser Autor

hat die Florida Behörden benachrichtigt und wegen der Satzung der

Beschränkungen eine angemessene Anklage gegen den Aggressor

wurde nicht auf der Grundlage der Altersgrenzen und Ort, wo es

aufgetreten genehmigt. Es liegt in der Verantwortung dieses

Schriftstellers, ein Zeugnis zu geben, um anderen zu helfen, die

möglicherweise in Kontakt mit dem Aggressor stehen. Er ist auch ein

Experte sozialer Täter und sexuell missbraucht Ihrer kleinen

Schwester im Alter von 12 bis 17 Jahren. Es wird geschätzt, dass 50 Prozent aller sexuellen Straftaten an Kinder nicht das Ergebnis der Pädophilie sind.

<u>*"die Unfähigkeit, die andere Seite der Realität zu sehen"*</u>

Ein Tag der Reise, nach dem Schreiben dieses Buches und Überprüfung es den ganzen Tag fühlte ich mich sehr krank, betete ich und betete, dass Gott mir erklären, dass ich vorbei war, weil ich so krank war, weil ich fühlte mich so angewidert, ekelerregend, mein Magen konnte nicht mehr. Nach dem Lesen des Buches den ganzen Tag hatte dieses Gefühl geschaffen und machte mich krank. Dann betet und betet und mitten in der Natur hört er mich. Ich las die Bibel, bevor ich zu Bett ging und ich hatte einen Traum, und im Traum, den er mir erklären würde, was mit mir geschah, und in dem Traum, den ich in der Liebe war und ich war orientiert, dass ich in der Bibel lesen musste. Und ich hörte ihn, und er gab mir die Antwort:

Johannes 8:41

Wenn Gott sein Vater — ich antworte Jesus — du würdest mich lieben, ich kam von Gott und hier bin ich. Ich habe nicht auf eigene Rechnung kommen, aber er schickte mich. Warum verstehst du nicht meine Art zu sprechen? Weil du mein Wort nicht annehmen kannst. Ihr seid von eurem Vater, dem Teufel, dessen Wünsche ihr erfüllen wollt. Von Anfang an war dies ein Mörder, und es ist nicht in der Wahrheit gehalten, denn es gibt keine Wahrheit in ihm. Wenn er lügt, drückt er seine eigene Natur aus, weil er ein Lügner ist. Er ist der Vater der Lüge! Und doch zu mir, dass ich Ihnen die Wahrheit sage, glauben Sie mir nicht. Wer von euch kann mir beweisen, dass ich der Sünde schuldig bin? Wenn ich die Wahrheit sage, Warum glaubst du mir nicht? Wer von Gott ist, hört, was Gott sagt. Aber du hörst nicht zu, weil Sie nicht von Gott sind.

Traumatisches Ereignis:

Seien Sie Ihr eigener Überlebender, können Sie sich selbst heilen

Sie können sich selbst helfen, wenn es niemanden zu hören,

können Sie Ihr eigenes Überleben sein.

Der Täter und die Mutter hatten keine Empathie und Mitleid mit

mir für die Misshandlung und Trauma. Ich bin kein Opfer, aber

dieses Buch wird vielen Menschen helfen, die durch ein Trauma

wie mich gegangen sind... Wenn ich die Wort Familie in diesem

Buch erwähne, bezieht es sich auf meine zwei Ex-Brüder, Mutter,

Vater und meine Erfahrung als Kind, das mit Ihnen lebt. Dieses

Buch wird Familien und Kindern helfen missbraucht, missbraucht,

um den Terror eines Traumas zu überleben.

Es gibt viele Leute da draußen, die nicht über alles, was passiert ist

egal, im Gegenteil, Sie zögern zu glauben, Sie leben

Bewusstsein für Psychopathie:

Das Hauptziel dieses Schriftstellers ist es, das Bewusstsein

über die Psychopathie zwischen Männern und Frauen zu schärfen.

Diese informativen Leitfaden wird es einfacher für Männer und Frauen, Besonders für Familien, um die Bedeutung von psychopathischen und sozial versierten Pädophilen zu identifizieren. Dieses Buch ist eine Kombination aus Forschung und Proben der persönlichen Lebenserfahrung des Autors Umgang mit einem Psychopathen.

Es wird auch definieren, die Merkmale der Psychopathen durch die Bereitstellung von Beispielen, um Ihre Welt zu identifizieren und was sind die Bedrohungen der um uns herum. Wie man einen stillen Schlangen Angriff verhindert; Du weißt, wer Sie sind, oder? Das Hauptziel ist es, den Lesern zu zeigen, wie man die verschiedenen psychopathischen Eigenschaften erkennt und wie man Sie von anderen unterscheidet. Es ist wichtig, das wahre unsichtbare Gesicht hinter Ihrem Lächeln zu finden.

Die Erfahrung dieses Autors wird als ein Opfer verglichen,

das mit einem Psychopathen und einem sozial Täter von erfahrenen

Kindern lebt. Dieses Buch basiert auf echten beweisen, eine

hervorragende Informationsquelle. Es zeigt Beispiele von

Psychopathie (Persönlichkeitsstörung) und sexuelle Manipulation.

Als ein Überlebender, der mit einem Psychopathen lebt, werden

Beispiele im Detail in ihrer dysfunktionalen Beschaffenheit zur

Verfügung gestellt. Der durchschnittliche Bruder ist gerade in

diesem Buch mehrmals erwähnt worden, und seine Anwesenheit

wird nur als "Probe", auf was dargestellt, um in den Psychopathen

und in den Kinderschänder zu suchen. "die Vergangenheit dieses

Schriftstellers ist eine neue Zukunft für Familien." Leider, wenn ein

Kind unbeaufsichtigt gelassen wird oder jemand als "vertraut", die

wir vertrauen können, Dinge passieren. "Wir können uns nicht blind

Uns durch die Augen der Raubtiere. Vertrauen Sie nicht jedem,

wenn es um Ihre Kinder geht.

Die Resolution ist, dies zu verhindern wieder geschieht, um ein anderes Kind. Dieser Schriftsteller hat eine Menge Leute, vor allem Frauen, in der Beratung geholfen. Als Eltern, die unsere Kinder schützen, ist unser Hauptziel. Prävention lehrt uns, was Schutz bedeutet. Wir müssen uns für eine bessere Zukunft zu erziehen, und für unsere Kinder.

Ich möchte meine eigenen Werte als menschliche Wesen, die Demut, Familie, Wahrhaftigkeit, Integrität, Einheit, Liebe, Fürsorge, Mitgefühl und das richtige tun zu teilen. Im Geist eines Psychopathen gibt es nicht einmal die Hälfte dieser Werte. Ignoranz ist der schlimmste Albtraum, wenn es um einen echten Psychopath geht.

Dieses Buch wird Ihnen helfen, erkennen die charakteristischen Merkmale eines Psychopathen auf meiner persönlichen Erfahrung basiert. Es war keine leichte Aufgabe, dieses

Manuskript zu schreiben, aber gleichzeitig ist es sehr informativ.

Das Buch ist in verschiedene Abschnitte unterteilt. Die Kapitel

basieren auf Erklärungen, der Überprüfung der Literatur und der

Charakteristik der Psychopathen. Die wichtigsten Zeichen zu folgen,

die sind: mündliche Kommunikation, Lügen, Kindheit Risikofaktoren,

Manipulatoren, weibliche Psychopathie, eine kleine Erklärung der

Androzentrismus, Kindes Experten soziale Täter, folgen

Psychologische, und die Konfliktlösung, wie man mit Psychopathen

und Täter von Sozialarbeitenden Kindern umzugehen.

Inhaltsverzeichnis:

I.   Carl Jung & Psychopath:

Carl Jung in seinem Buch "Bad Men tun, was gute Männer träumen", jeder hat einen "Schatten" als Teil des Unbewußten und enthält unterdrückte Wünsche, Schwächen und primitive Instinkte der Tiere. Jung spezifiziert, desto weniger erkennen wir den "Schatten", desto weniger verkörpert im Individuum das bewusste Leben, das schwärzer und Dichter ist es. Je mehr wir unsere schlechten Gedanken leugnen, bringt es uns in Gefahr, von Ihnen kontrolliert zu werden.

Dieses Buch will die Merkmale der Psychopathie zu identifizieren, die Zeichen zu suchen in Psychopathen, die Anatomie des Gehirns, die Risikofaktoren von Kindern, weibliche Psychopathie, sozial versierte Pädophile, genannt "Friseure" und Konfliktlösung zur Behandlung von Psychosen und erfahrenen sozial Tätern. Dieses Buch widmet sich hauptsächlich Familien mit kleinen Kindern. Der Autor erklärt die Praktikabilität in der heutigen Wort des Patriarchats und Androzentrismus. Diese Schriftfamilie wurde immer von der Vaterfigur dominiert und zwei Brüder, Frauen und Kinder galten als unterwürfig. "die Unfähigkeit, die andere Seite der Realität zu sehen" überfließt Informationen und Forschung, um Eltern zu führen, und bewusst zu schaffen, was passieren könnte, um die "unbeaufsichtigte Kind." Basierend auf der persönlichen Erfahrung dieses Schriftstellers, der mit dem durchschnittlichen Bruder, der ein "Kinderschänder und Psychopath" lebt. Die Ergebnisse des durchschnittlichen Bruders überprüft die hohe Wahrscheinlichkeit in der PCL-R Checkliste der Psychopathie-überprüft. Ihre Kräfte sind zu kontrollieren und zu dominieren. Zu manipulieren, insbesondere Familie und Freunde zu Ihrem Vorteil; Anzeige Mangel an Emotion und Reue, fließend, oberflächlichen Charme, pathologische Lügen, schlechtes Verhalten Kontrollen, Promiscuous Sexualverhalten und viele andere Faktoren gründet "der mittlere Bruder ein Psychopath Voll geblasen. Die Checkliste von Hare (2003) jetzt als Checkliste der Psychopathie PCL-R, ist dazu bestimmt, für die verwendet werden Geschulte psychische Gesundheit Fachleute, die Interview und Überprüfung der psychopathischen Geschichte der Menschen. Psychopathie ist vermutlich ein sicherer Faktor, in diesem Fall wurde ein Kind als Bequemlichkeit verwendet, um die sexuellen Impulse des Aggressors zu befriedigen und seine Tätigkeiten und Charakter Störungen kennzeichnen ihn als Pädophiler und ein Psychopath.

Opfer sind die mächtigste Informationsquelle, um unsere Kinder vor Pädophilen zu schützen. Personen, die sexuell missbraucht wurden, sind die besten "Informanten" als Ergebnis unserer Erfahrungen. Wir können den Täter benennen und Sie können ausführliche Informationen über das missbrauchen zur Verfügung stellen. Wir neigen dazu, für viele verschiedene Gründe, einschließlich Angst, Scham und Schande still zu halten. Über die Täter zu erzählen war erschreckend, und es blieb erschreckend und emotional schwer auszudrücken. Dieser Schriftsteller war nie, obwohl der durchschnittliche Bruder, der angeblich zu schützen

Sie werden Sie in die ekelhafte Art und Weise verletzt. Es ist unverständlich, diesem Schriftsteller die Handlungen des mittleren Bruders zu einem Minderjährigen, der seine Schwester war. Zu oft haben wir als Opfer nicht verstanden, wie Ihre Informationen andere schützen könnten; Stattdessen halten wir es für ein Geheimnis. Auf der anderen Seite, erzählte dieser Schriftsteller seiner Mutter und älterer Bruder über den Missbrauch und Sie nicht glauben und Tat nichts, um den Tyrannen; Im Gegenteil, die Mutter akzeptiert immer noch den Täter. Er lebt derzeit in seinem Haus unter Ausnutzung seiner einkommensschwachen Hause, und weiterhin Bilder mit seinen Freunden mit einer großen Erfahrung auf Facebook zu nehmen. Die Mutter des Schriftstellers Kampagne zum Schutz der Täter hat die Menschen denken oder etwas anderes zu schaffen. Aus welchen Gründen muss dieser Schriftsteller über diese schrecklichen Taten Lügen? Was hat dieser Autor zu gewinnen? Nichts! Es ist alles wahr.

Doch nachdem er meinem älteren Bruder von dem Missbrauch erzählte, sagte er mir, dass es nicht wahr sei, und er blieb liebevoll und in Kontakt mit dem Aggressor. Die Familie hat nicht Sympathie für Viktimisierung gezeigt. Das größere Medium hat die totale Kontrolle und konnte Sie manipulieren. Nun ist es an diesem Schriftsteller, Familien zu helfen und zeigen ihre wahre Maske; Dieses Buch wurde auf die persönliche Erfahrung des Umgangs mit einem echten Psychopath gebaut.

Die Unfähigkeit, die andere Seite der Realität zu sehen, ist ein Hinweis auf,

wie man mit der anderen Seite, die versteckt, manipuliert, Exponate

Mangel an Emotion und Reue, fließend, oberflächlichen Charme,

pathologische Lügen, schlechte Verhaltens Kontrollen, Verhalten Sexuelle

Promiscuous und viele andere Faktoren zu etablieren

I.   Das männliche Syndrom: kleines Beispiel in Androzentrismus

Was ist Androzentrismus? Androzentrismus ist die Praxis der

Situierung männlichen Menschen und der männlichen Sicht in der Mitte

der Weltansicht und ihrer Kultur. Das Adjektiv verwandt ist

androzentrischen, während die Praxis der Platzierung der weiblichen Sicht

in der Mitte ist Androzentrismus. Es gibt eine Korrelation zwischen

Psychopathie und Die Androzentrismus. Wenn das Männchen als

Herrscher in einer gestörten Familie gesehen wird, tendieren die Dinge

schief zu gehen. Meine Familie bestand aus zwei Brüdern, Vater und

Mutter, die von männlichen Syndrom dominiert wurden, was bedeutete,

dass "Männer" waren diejenigen, die regiert. Die Persönlichkeiten von

Androzentrismus und narzisstisch waren immer in der Familie anwesend.

Nach dem Umzug nach Spanien, war ich nicht mehr ein kleines Mädchen

im Haus, da die gute Familie, die ich in Kuba Links war nicht da, um mich

zu beschützen, jetzt war ich "verstopfen." Die Familie war sehr motiviert

von der Figur "männlich", die es dem Psychopathen leichter machte

anzugreifen und zu glauben, dass er der Mann des Hauses war. Das ist

lächerlich, aber wahr.

Meine Mutter hatte nicht genug Zeit, um mich um mich zu

kümmern; Sie wollte arbeiten, mein Vater, auf der anderen Seite, war

immer betrunken, so dass alles, was er tat, war ausgehen und trinken mit

seinen Freunden. Er war in Gefahr, aber er war zu klein, um zu erkennen,

dass er in meinem eigenen Haus in Gefahr war. Da Sie niemanden hatte,

um mich zu kümmern, benutzten Sie meinen durchschnittlichen Bruder

(der Psychopath), um es während des Tages zu tun. Als ich aus der Schule

kam, werde ich von der Schule nach Hause gehen, und er wird dort auf

mich warten, wie ein Gebet. Ich war seine Beute, und er benutzte mich für

seine dämonischen Handlungen. Obwohl ich damals eine Freundin hatte,

warum Sie Sie nicht anfasste, warum Sie mich als Spielzeug benutzte, um

zu üben? Ihre kleine Schwester spielen zu üben. Er ist krank und er ist ein

Bastard. Ich war 12 Jahre alt, als er mich zum ersten Mal attackierte, und ich war 18 Jahre alt. Eine Alptraum! Er sah eine Chance seines kranken Geistes und nahm ihn. Obwohl ich weiß, dass er ein Bastard ist, ist er klinisch ein Psychopath/Soziopath/Kinderschänder. Warum hast du deine Aufmerksamkeit auf mich gehalten? Warum so viel Fixierung auf mich? Warum kann er mich sein und der Bruder sein, der wie jeder andere Bruder sein muss, der seine kleine Schwester kümmert und schützt? Die Antwort: er hat eine Persönlichkeitsstörung, er ist ein Psychopath/Soziopath/Kinderschänder, die eine Menge Probleme hat und versteckt sich hinter seiner Maske. Es tut mir leid wegen der Leute, die immer noch diesem Arschloch glauben. Es wird immer ein. Ich bin fest davon überzeugt, dass die Menschen um Sie herum können Ihnen helfen, zu heilen oder zu zerstören Sie vollständig. Mein Mann hat mir geholfen, einige meiner Ängste zu überwinden und emotional zu wachsen. Es war Teil meines Reinigungsprozesses, einer stabilen Person, die sich um mich sorgt.

Dieser Schriftsteller hörte jemanden sagen: "Er ist ein netter, süßer Mensch." Fragte ich mich einen süßen Kinderschänder, adorable Mann? Das ist erschreckend und ekelhaft. Es zeigt nur, wie manipulative

Psychopathen werden können, und versuchen, Mitgefühl zu provozieren, die Notwendigkeit für die gleiche Qualität der Psychopathen. Wir können Sie mit Katzen, die immer markieren ihr Territorium mit ihrer Öffnung als eine Form der Manipulation übereinstimmen. Familien, die durch Androzentrismus Herrschaft manipuliert werden, die männliche Interessen oder nur in männlicher Sicht betont; Zentriert oder man-zentriert, oft zu vernachlässigen oder auszuschließen Frauen und Männer aus Respekt oder männliches Geschlecht als zentrale oder primäre. Wenn wir nicht verstehen, Psychologie hinter Psychopathie, und seine Methoden der Operation, kann man nicht vollständig verstehen, wie man einen Psychopathen zu erkennen. Dieser Verfasser kann einen Psychopathen wegen seiner Ausstrahlung, Erscheinungen, Augen, Gesicht und Verhalten zu erkennen. Sein winziges Aussehen ist Teil seines Profils. Es ist ekelhaft. Versteckt hinter seiner Psychopathie, und einige von Ihnen kommen durch einen guten Mann oder eine Frau. Sie verstecken sich hinter ihrer eigenen Maske des Wahnsinns und ihrer Unfähigkeit, die andere Seite der Realität zu sehen.

Die Mutter dieses Schriftstellers will nicht die Tatsache, dass er ein Kinderschänder ist zu akzeptieren und zieht es vor, eine unwissende Glückseligkeit in Bezug auf den Vorfall zu leben Die Missbräuche. Sie erleichterte für ihn die Fähigkeit und Gelegenheit, ihre Schwester zu ärgern. Sie schicken mich direkt an die "Hände" des Bösen. Sie ist total Beschäftigt Was passiert ist, weigert sie sich, die Situation zu erkennen oder zu erkennen. Seine Hauptaufgabe ist schlecht für die Familie dieses Schriftstellers ruft Sie verrückt und Verarbeiter. Leben in Unwissenheit, glauben, dass es nie passiert ist, wird der Missbrauch verschwinden. Dieser Schriftsteller ist fest davon überzeugt, dass, wenn der Missbrauch statt, Sie wusste es, aber nie die Situation konfrontiert und versteckte sie. Sein Hauptmotiv war, den Täter zu verstecken und ihn vor dem aggressiven Verhalten meines Vaters zu schützen.

Es ist keine psychische Erkrankung, und es gibt keine geistige Behinderung; Sie können rationalisieren, und Sie haben die Berechnung der Köpfe, ihre Köpfe sind ein Spiel und ihre Seelen sind böse. Psychopathen lernen aus der Vergangenheit, aber Sie lernen nur, was Sie interessiert, nicht, was die Gesellschaft will, dass Sie zu lernen (Samenow, 1984).

II. Was ist Psychopathie?

Psychopathie ist ein psychologischer Zustand, in dem die Person zeigt einen tiefen Mangel an Empathie für die Gefühle der anderen, die Bereitschaft, in unmoralische und antisoziale Verhaltensweisen für kurzfristige Gewinne und selbst-Zentriertheit zu engagieren. Ende. Psychopathen haben keine Angst vor negativen Folgen von kriminellen oder riskanten Verhaltensweisen und sind relativ unempfindlich gegen Bestrafung. Sie neigen nicht, von ihrem egoistischen Verhalten für kriminelle oder sozial Sanktionen abgeschreckt zu werden. In Verbindung mit Ihrem ungebrochenen und unaufhörlichen Impuls, sich um sich selbst zu kümmern, sind Psychopathen Raubtiere, und jedermann, das Ihre Notwendigkeit zu dieser Zeit füttern kann, ist mögliche Beute. Ein Punkt von großer Besorgnis ist, dass die Autoren sind per definitionem, die Verantwortlichen für die Betreuung und Überwachung ihrer Opfer. Am 20. November 1989 nahm die General Versammlung der Vereinten Nationen das Übereinkommen über die Rechte des Kindes an und verkündete die elementaren Rechte von Kindern auf der ganzen Welt.

Psychopathen sind ein größeres Risiko der Beteiligung an sowohl reaktive Aggression und Instrumentalität. Instrumentale Aggression (manchmal auch proaktive oder räuberische Aggression genannt) ist geplant, kontrolliert und nützlich, und wird für einen bestimmten Zweck verwendet, zum Beispiel, um Drogen oder Sex zu erhalten, oder einfach um die Domäne zu etablieren. Das Hauptziel ist nicht unbedingt zu verletzen Andere, sondern nur das gewünschte Ergebnis. Aggression stellt sich als emotionale Reaktion dar; Es ist die berechnete Verwendung von Aggression als Werkzeug. Reaktive Aggression, auf der anderen Seite, ist viel impulsiver, und Emotionen getrieben von einer wahrgenommenen Bedrohung oder Angriff oder unkontrollierte Wut (Schouten & Silver, 2012).

Psychopathen sind oft oberflächlich charmant und simpel; Sie sind oft in der Lage, die Vorteile anderer zu nehmen, weil Sie wissen, dass das Handeln wirklich freundlich und hilfsbereit kann eine nützliche Strategie zu bekommen, was Sie wollen (Schouten & Silver, 2012). Für einen Psychopathen, ein Schlag ins Gesicht und die Lüge hinter einem warmen Lächeln verborgen sind nur getrennte Werkzeuge, die von den Umständen diktiert verwendet werden; Die Schlussfolgerung: nicht die Wahrheiten, anstatt im Delirium oder mit Schwierigkeiten wahrnehmen Realität, wissen Psychopathen genau, was Sie tun. Obwohl es vorzuziehen wäre, anzunehmen, dass Menschen, die systematisch unbegründete Handlungen begehen, sich irgendwie einfach nicht bewusst sind, welche Schäden Sie verursachen, ist die Tatsache, dass Psychopathen einfach egal sind, wenn

Sie andere demütigen oder verletzen. . Sie sind jedoch kein schwerwiegender Verbrecher, und manchmal wissen Sie, wie man damit umgehen kann, mit dem Strafjustizsystem zu umgehen. Psychopathen sind manchmal nie von der Polizei für Verbrechen begangen festgenommen, mehrere Psychopathen wissen, wie man hinter dem Gesetz zu verstecken. Was rettet Sie? Psychopathen können ihre egoistischen Verhalten zu kontrollieren, so bleiben Sie vielleicht nur innerhalb der Grenzen der rechtlichen Schritte, wobei extrem manipulativ mit Menschen helfen und abdecken ihrer Fußabdrücke, machen es einfacher für Sie zu entkommen. Auch erwischt "bedeutet," Sie können nicht Weg mit dem, was Sie wollen. Psychopathen und erfahrene sozial Täter nutzen Ihre Fähigkeiten, um ihre Opfer bis zum Ende zu kontrollieren und zu dominieren. Sie neigen dazu, Freunde, Kollegen und Familienmitglieder, um ihre Eigenschaften zu decken. Es ist erschreckend, wie Sie extrem manipulativ sein können, und Controlling, Verständnis und lernen, wie Sie sind, ist der einzige Weg, um zu überleben.

1) unterscheiden Psychopathen und wer sind Sie?

Psychopathie Merkmale-Theorien

*Nach dem Verhaltens Genetiker Dr. David Lykken (1995), sind
Psychopathen von anderen Deviants getrennt. Dieser Schriftsteller
erforscht die Geschichte der körperlichen und sexuellen Missbrauch von
Kindheit, und die verschiedenen Kategorien der Persönlichkeit der
Psychopathie. Gehirn Studien haben vorgeschlagen, dass Psychopathen
abnorme Hirnaktivität haben. Psychopathy ist definiert als eine
Konstellation von affektiven, zwischenmenschlichen und Verhaltens
Symptomen, die sich in einem Individuum als manipulativ, charmant,
simpel, verantwortungslos, egoistisch, unsensibel, impulsiv, aggressiv,
nicht einfühlsam und Erleben wenig Reue oder Schuld als Folge der
eigenen schädlichen und antisozialen Verhalten (Hare, 2003). sind
sorglose Kinder mehr Anstiftung zu Psychopathie? Sorglose Kinder sind
mehr Psychopathie ausgesetzt (Lykken, 1995). Man muss verstehen, dass
Psychopathie ist nicht eine psychische Erkrankung, sondern eine Störung
der Persönlichkeit. Obwohl es eine subjektive Qualität, um
Persönlichkeitsstörungen zu diagnostizieren, hat die Forschung gezeigt,
dass diejenigen, die Persönlichkeitsstörungen haben, zeigen eine Steifheit
oder Inflexibilität in Ihrem denken, Gefühl und Verhalten, dass Sie werden*

Sie daran hindern, mit anderen in einem größeren sozialen Kontext zu arbeiten (Cleckley, 1988).

Psychopathie ist definiert als eine allgemeine Störung der Persönlichkeit, in der es Verachtung für das Gefühl von anderen und die Regeln der Gesellschaft (Cleckley, 1988). Persönlichkeitsstörungen können durch eine Klasse von Persönlichkeitstypen charakterisiert werden, die von den sozialen Erwartungen eines akzeptablen Verhaltens abweichen. Wer sind diese Leute? Sind Gender-based vergleicht gut verstanden? Wir denken oft an Psychopathen als die gestörten Verbrecher, die die Schlagzeilen und Gefängnisse der Menge erfassen (Hare, 1999). Psychopathen, wenn Sie Gefangen Sie haben zufällig psychologische Probleme. Hare (1999) psychopathische Staaten wollen, dass andere glauben, dass Ihre Anti-sozialen Formen das Ergebnis einer psychischen Mangel sind; Es wurde weithin als die "diagnostische Bibel" für psychische Erkrankungen verwendet.

Nicht alle Psychopathen sind Mörder. Die Männer und Frauen von Psychopathen, die Sie vielleicht wissen, dass sich durch das Leben bewegen mit höchstem Selbstvertrauen, aber ohne Gewissen.

Warum ist das würdig der Untersuchung? Diese Forschung basiert auf der persönlichen Erfahrung dieses Verfassers als Kind, das von einem Psychopathen belästigt wird. Diese Studie wird auch helfen, Menschen, die Opfer von sexuellem Missbrauch zu verstehen und zu identifizieren, die Persönlichkeiten und Eigenschaften von Psychopathen wurden. Neumann (2007) diskutiert Psychopathie als eine der am meisten anerkannten Persönlichkeitsstörung. Dieses Papier wird eine vergleichsweise gut ausgewogene Forschung zwischen Frauen und Männern psychopathische Verhalten. Hare (2003) erwähnt, dass es wichtig ist, dass weitere Forschungen durchgeführt werden, um die Merkmale der meisten Vertreter der Psychopathie zwischen den Geschlechtern zu identifizieren und wie das Syndrom ausgedrückt wird. Der berüchtigte Fokus auf die psychopathische Persönlichkeit ist zum Teil auf seine signifikante Verknüpfung mit Gewalt, Aggression und anderen äußeren Pathologien (Hare, 2003). Dieser Schriftsteller begegnet verschiedenen Theorien, die entwickelt wurden, um zu erklären, die Grundlage dieser Persönlichkeitsstörung, und dabei wurden mehrere Einflüsse identifiziert Mögliche Erleichterung des Beginns erleichtern eine psychopathische Persönlichkeitsstörung. Der Zweck dieser Studie ist die Untersuchung und die Frage der Faktoren der familiären Umgebung, die

Geschichte Faktoren des Missbrauchs, und die neurologischen Faktoren haben bei der Vorhersage Psychopathie.

Der bahnbrechende Artikel (1941), der zwischen primärem und sekundärem Psychopathen unterscheidet, bot die Grundlage für spätere Theorien und Forschungen zu seinen Varianten. Es ist wichtig, die Theorien der Alken (1941) der Assoziation zwischen primären und sekundären Psychopathie zu erkennen. Ein primärer Psychopath will alles; Sie sind narzisstische, hinterhältig und gerissen. Psychopathen sind böse. Psychopathen können als Jäger Stalking eine Beute kategorisiert werden, zuerst, finden Sie den richtigen Ort zu jagen, zweitens, Sie erkennen, die Beute, drittens, erfassen die Beute und, Schließlich verwenden Sie Ihr Gebet für schreckliche böse Taten.

Nach Angaben des Informanten (1941) basiert die Haupt Unterscheidung auf dem Verhalten der Ätiologie. Die Alken (1941) vermutet, dass primäre Psychopathen durch ein angeborenes affektives Defizit gekennzeichnet sind, während sekundäre Psychopathen durch eine affektive Erkrankung, die als Folge der gefährlichen Wechselwirkungen mit dem Medium entwickelt gekennzeichnet sind Umgebung. Einige Psychopathen zeigen Anzeichen einer primären Psychopathie mit

Persönlichkeitsmerkmalen wie egozentrisch, manipulativ, hinterlistig, und Mangel an Reue gegenüber ihren Opfern und dem Universum. (1941) sagte, dass sekundäre Psychopathen zeigen ihre Symptome als eine emotionale Anpassung an schädliche Faktoren in ihren häuslichen Umgebungen. Der Caper (1941) argumentierte, dass sekundäre Psychopathen die Merkmale der Psychopathie in dem Bemühen, mit solchen widrigen Bedingungen wie elterlichen Missbrauch und Ablehnung zu bewältigen entwickeln. Ein Teil des Grundes für den Missbrauch basiert auf Faktoren wie Alkoholismus, familiären Missbrauch und Vernachlässigung. Eltern, die eine Alkoholabhängigkeit ausstellen, oder Drogen, sind wahrscheinlicher, Kinder zu haben, die Psychopathen und andere neurologische Behinderungen entwickeln.

Sie vermuteten auch, dass primäre und sekundäre Psychopathen in ihren wichtigsten affektiven und zwischenmenschlichen Eigenschaften unterscheiden und dass Ihr Niveau der Impulsivität und Aggression variieren kann. Der Komiker (1941) argumentiert, dass eine sekundäre Psychopathie trägt mit ihm die zugrunde liegenden Depression, Angst und Neurose des Charakters nicht in der primären Psychopathie.

Dr. Hare (1999) beschreibt Psychopathen als Raubtiere, die Charme, Manipulation, Einschüchterung und Gewalt anwenden, um andere zu kontrollieren und ihre eigenen egoistischen Bedürfnisse zu befriedigen. Viele nutzen Überzeugungskraft zu bekommen, was Sie wollen, mit dem Charme zu einschüchtern und zu manipulieren. Diese unanfechtbare Haltung, Manipulation und Charme werden verwendet, um anderen zu zeigen, dass Sie vertraut werden können, vorbei als moralische Individuen. Psychopathen sind zu sagen, eine Sache geschickt und dabei eine andere, und den Menschen sagen, was Sie hören wollen, um Zeit für Ihre nächste Regelung zu gewinnen. Sie könnten sehr einflussreich gegenüber anderen sein. Seine Unfähigkeit, Anhaftungen oder Empathie für andere zu bilden (unter anderem) führt zu Psychopathie.

Der Alken (1941) glaubte auch, dass primäre Psychopathen ein "abwesendes Bewusstsein" haben, während sekundäre Psychopathen ein "gestörtes gewissen" haben. Nach Angaben des Informanten (1941), sekundäre Psychopathen Erfahrung der gleichen hohen Niveau der Feindseligkeit als primäre Psychopathen, aber sekundäre Psychopathen weiterhin in der Lage, höhere menschliche Emotionen wie Empathie, Schuld, Liebe Erfahrung Oder den Wunsch nach Akzeptanz. Primäre Psychopathen sind weniger impulsiv als sekundäre Psychopathen. Der

Informant (1941) schlug auch vor, dass primäre Psychopathen oft

Instrumental handeln, um Ihren eigenen nutzen zu maximieren oder

Aufregung, während sekundäre Psychopathen reagieren oft reaktiv von

Emotionen wie Hass und Rache.

Der Informant (1941) glaubte, dass diese reaktive Reaktion das

Ergebnis des zugrunde liegenden neurotischen Konflikts des sekundären

Psychopathen war. Sie können Fragen, was es ist: "neurotischer Konflikt?"

Laut Freud im Allgemeinen stellt eine Neurose ein Beispiel dar, in dem die

Bemühungen des Ego, mit seinen Wünschen durch Unterdrückung,

Verdrängung, etc. umzugehen, scheitern. Auch kann es mit Unordnung

assoziiert werden, wie Hypochondrie oder Neurasthenie, die sich aus keine

offensichtliche Verletzung oder organische Veränderung und mit

Symptomen wie Unsicherheit, Angst, Depression und irrationale Ängste,

aber ohne psychotische Symptome durch Beispiel Wahnvorstellungen oder

Halluzinationen.

Die Theorie der alarmierenden (1941) stellte diese Arbeit für die

weitere Erforschung der ursprünglich hypothetischen einheitlichen

Konstruktionen von Psychopathie um 70% höher als die primären

Psychopathen 58%.

Drei der wichtigsten Zeichen: Sie sind reichlich in der mündlichen

Kommunikation, Fasern und Manipulatoren.

1) mündliche Kommunikation:

Psychopathen wissen, dass Sie anders sind, Ein wichtiger Punkt ist

Ausgezeichnet in der mündlichen Kommunikation und kann zu jedem

Gespräch ohne Schüchternheit zu springen. Als Beispiel könnte eines der

vielen Anzeichen von Wahnsinn einmal mit Freunden zu sprechen; Ein

Psychopath wird in der Lage, in einem teilnehmen Gespräch ohne sich zu

schämen. Einige von Ihnen sind motiviert, den Menschen zu lesen, Freunde

zu treffen und sicherzustellen, dass Sie bekommen, was Sie von jedem

Freund oder Verwandten wollen. Es ist sehr einfach für Sie, genügend

Informationen über Sie zu sammeln und zu finden, was Sie mögen oder

nicht mögen. Kein Zweifel, Sie können wissen, was Ihre Bedürfnisse sind,

ihre Einheit, ihre Haltung, ihre Schwächen und Schwachstellen. Sie haben

eine zusätzliche Weisheit des Lebens, dass wir nicht, da es für Ihre eigene

Weiterentwicklung verwendet wird. Die Welt für Sie ist ein Spiel, und alles, was Sie tun müssen, ist bewegen Sie die Spielzeuge um zu gewinnen.

Sie können die Schlüssel auch ändern, bis Sie den korrekten Schlüssel finden, um die Tür zu öffnen; Das führt Sie, wo immer Sie sein wollen oder was Sie brauchen. Was auch immer die Situation ist, Sie haben stets Recht, und wir irren uns. Sie werden handeln, als wären Sie die Opfer und wir sind die bösen Jungs, die nicht verstehen können, wer oder was Ihre Bedürfnisse sind. Sind in einigen scharf Weg, Aber unwissend in anderen. Sie können nicht verstehen, warum wir nicht mehr mit Ihnen reden oder Sie anrufen, warum? War ich ein guter Freund, Cousin, Tante, Bruder, Schwester? Warum hören Sie auf, uns zu rufen? Die Antwort ist einfach, wir lesen dieses Buch, zusätzlich zu anderen Bücher von Hare geschrieben und wir kommen zu wissen, wer Sie sind.

Nach dem Verlassen meiner Familie für immer, zogen wir in einen anderen Staat. Zu diesem Zeitpunkt werde ich die Informationen nur aus Sicherheitsgründen offen legen. In diesem neuen Leben haben wir ein paar Individuen gefunden, die uns versichert haben, dass Sie unsere neuen "Freunde" waren. Mein Mann mochte es, und wir genossen viele Besuche in seinem Haus sowie zu uns. Eines Tages, unter diesen besuchen, stießen wir auf einen großen Vorfall, der unsere Freundschaft für immer markiert.

Bei dieser besonderen Partei, kauften wir einige Getränke, insbesondere

Sangria und andere essbare Lebensmittel. Am Ende der Party, sammeln

wir alle unsere Artikel zu verlassen. Was fehlte, waren die Dinge, die wir

für die Partei gekauft haben, dachten wir. Bei der Ankunft bemerkte mein

Mann, dass einige der Artikel für die Partei gekauft wurden noch im Auto.

Der Psychopath (Soziopath beschrieben auf der Seite...) nahm die Blutung

mit ihm zu Haus zu genießen, ohne uns zu sagen. Von? Psychopathen

spielen ein Spiel, und Sie wollen immer Gewinner sein. Nach dem Kauf all

diese Elemente, sollten Sie es auf der Party für alle zu genießen verlassen

haben. Dieses ist ein Beispiel der Störung, die für das Verhalten der

Psychopathen typisch ist und die Notwendigkeit, etwas für Sie auf Ihre

eigene Gefahr zu gewinnen und zu erhalten. Sicher, nach diesem Vorfall

haben Sie uns nie wieder gesehen. Man weiß nie, was wird Ihr nächster

Betrug sein u Betet...

2da Lüge:

Warum Lügen Sie? Es ist schwer, Sie in einer Lüge zu fangen, aber

nichts ist unmöglich. Die meisten Menschen empfinden ihre Lügen nicht;

Sie basieren auf einer psychotischen Lüge. Lügen dient vielen Zwecken, um das Misstrauen oder die Sorgen der Opfer zu lindern und ihre psycho-Fiktion zu stärken. Wie der Hase, der in seinem Buch "Schlangen in Kostümen" erwähnt wird, sind Sie Künstler in der Kreation ihrer überzeugenden Geschichten und Erklärungen. Diese künstlerischen Geschichten helfen Ihnen, andere zu überzeugen, indem Sie Unterhaltung und Erklärungen oder Ihr Gesicht verwenden. Diese psychopathischen Individuen sind unsterblich, indem Sie keine Emotionen zeigen, Sie können sich nicht fühlen; Sie haben kein Gesicht; Sie haben keine Emotionen und können Ihre Geschichten ohne Gesichtsausdrücke projizieren. Hare (2003) war präzise, wenn es sagt; Sie sind "Künstler" in der Kreation ihrer überzeugenden Geschichten und Erklärungen. Der Primärschlüssel, zum des Psychopathen zu verstehen, Blick hinter Ihren Spiegel, und Sie sollten finden. Sie sind nicht nur Künstler, sondern auch herausragende Künstler. Mehr Bücher sollten mit den Erfahrungen eines anderen Schriftstellers geschrieben werden, der sich mit Psychopathen beschäftigt.

Woher wissen wir, wer Sie sind? Lernen und lesen Sie mehr Bücher und das Verständnis der Definitionen von charmanten, Künstler, charismatisch, aus der Box und sehen, wie Sie für das, was Sie sind, Psychopathen. Außerdem Wir dürfen nicht vergessen, dass sie Lügner sind

Psychopathen. Die meisten Beobachter sehen nicht durch die Lügen, aber wenn wir uns auf das "Detail" konzentrieren, müssen wir Ihre wirklichen Identitäten sehen.

Hare und Babiak erwähnt Lügen und überzeugen andere, und die Verwendung von charmanten Erklärungen wird mit der Idee der Stärkung einer Umgebung von Vertrauen, Akzeptanz und echte Freude gemacht. Sie werden zu Lehrern im Lügen und machen andere glauben, dass Sie ein Zeichen für die Gesellschaft sind. Ihr Hauptzweck im Leben ist, Akzeptanz zu schaffen und andere glauben zu lassen, was Sie sagen. Dies gibt Ihnen nur macht zu halten Lügen.

4) Handler:

Psychopathen sind bei der Manipulation von anderen hervorragend. Der mittlere Bruder verwendet Manipulation, um Vertrauen aufzubauen und hatte jeder in der Familie, einschließlich meiner Mutter vertraut alles, was Sie sagte. Er war das Opfer. Sie gehen nach ihrer Beute, und allmählich bekommen Sie, was Sie denken, ist Ihnen. Ohne Gefühle oder Emotionen, können Sie auch weiterhin tun, was Sie wollen. Es ist ein Zwang Sie werden nicht aufhören, bis Sie bekommen, was Sie wollen. Sie mögen Spiele. Ihre Köpfe ähneln einem Brettspiel und manipulieren Ihre Spieler. Die Manipulatoren sind in ihrer Natur so geplant, dass der Täter andere nutzen kann, auch um Erneut beleidigen Gegen ihr ursprüngliches Opfer oder andere Kinder. Manipulatoren werden wahrscheinlich Ihre persönlichen Umstände verwenden, um auf einzigartige Weise zu manipulieren. Sie sind unter Überwachung es ist schwieriger für Sie, ihre Opfer zu schädigen, aber ohne jede Person, Sie zu kontrollieren, ist Ihr Ziel einfacher. Manchmal suchen diese Manipulatoren nach Kindern, weil Sie nie gelernt haben, positiv mit Erwachsenen zu interagieren. Das ist, wenn die Gefahr beginnt, und Sie müssen gestoppt werden. Familienmitglieder sollten sich bewusst sein, dass die Manipulationen des Täters treten oft an den Übergangspunkten im Leben des Täters auf.

Die Manipulation von Pädophilen beinhaltet alles, was Sie tun, um zu versuchen, andere zu kontrollieren, ohne offen, ehrlich und direkt über ihre wahren Absichten. Psychopathen und Kinderschänder besonders mögen Manipulieren ihre Opfer, Familien, oder jemand in Ihrer Nähe, dass Sie denken, Sie können etwas aus der Form zu bekommen. Sie wollen den Saft aus jeder Situation oder Umstand Squeeze. In diesem Fall haben wir vor kurzem von Castro gehört; Er nutzt seine Manipulation, um seine Opfer an Ort und Stelle zu halten, in der Kontrolle, und sagt dann vor Gericht, dass er nicht ein Monster, natürlich waren Sie eher ein Monster, Sie waren reines Übel und ein Manipulator.

Der mittlere Ex-Bruder ist ein Manipulator und kann die ganze Familie mit Hilfe meiner Mutter "The Moderator" verspotten, um an einen guten Menschen zu denken. Er ist überhaupt nicht schlau, aber wenn es um das Böse und die Manipulation geht, sind Sie gewunden. Der beste Weg, um uns vor der Unachtsamkeit zu schützen, ist, indem man redet, Bewusstsein schafft, miteinander kommuniziert; Dies dient nicht nur dazu, unsere Kinder sicher zu halten, sondern für die Gemeinschaft als Ganzes. Manipulation muss ernst genommen werden; Es kann für Familien katastrophal sein. Es ist eine giftige Persönlichkeit war der Manipulator langsam nimmt die volle Kontrolle über ihre Opfer und dann Angriffe. Ich bemühe mich, die Familie zu verstehen, wie gefährlich der Psychopath sein könnte, die Bereitstellung von Informationen über den Täter und die Sammlung von Informationen über das, was er getan hat, um andere. Wenn Sie nicht in der Lage sind zu glauben, dass es nicht viel, was ich tun kann, hat er in der Lage, Sie mit Hilfe der Kampagne meiner Mutter zu manipulieren. Im Moment kann ich Ihnen nur sagen, was passiert ist und *mit wem Sie es zu tun haben, aber ich kann Ihre Augen nicht öffnen oder Ihre Geist zu Ihnen, ist es an uns zu sehen, was vor uns liegt, zu verstehen, wer zu vertrauen, dass wir nicht vertrauen In, Und warum. Die Ergebnisse können verheerenden Psycho/Soziopath/Kinderschänder in Ihrem Leben. Ich kann nur so viel tun, um anderen zu helfen, und Dank der Schaffung dieses Buches kann ich anderen helfen.*

Kinder Risikofaktoren

Ich erinnerte mich, als wir klein waren, wie viel würde ich die Mühe. Er wird meine Füße halten, um mich vom gehen um das Haus zu halten und ich werde viel weinen. Ich hatte immer Angst, sehr schüchtern im Alter von fünf Jahren. Sie werden verärgert, dass meine Mutter die Aufmerksamkeit auf mich war stärker als er, als ich das kleine Baby im Haus war. Kinder in der Mitte wachsen mit Problemen und Gefühlen der Verlassenheit auf. Was ich hörte, eines Tages von einer meiner Tanten war, dass ich eine Menge Probleme, mit anderen zu knüpfen hatte. Ihre Probleme begannen von einem frühen Alter, und ich bin sicher, dass meine Mutter wusste, basierend auf ihren Aktionen und versteckte sie. Er war zu klein, um etwas zu bemerken. Psychopathie erscheint nicht auf wundersame Weise später im Leben, Kinder sind mit dieser Störung der

Persönlichkeit geboren. Die Forschung zeigt deutlich, dass die Ausgangsstoffe der Erkrankung kann und gibt es bei Kindern. Das eigentliche Problem ist ein hartnäckiges Muster von Anti-sozialen Verhalten in der Kindheit und Jugend, wie die Verletzung der sozialen Regeln, Aggression gegenüber Tieren oder anderen Kindern, Zerstörung von Eigentum, Betrug, Diebstahl und schwere Verstöße gegen Standards. Es gibt sechs verschiedene Diagnosen in der DSM-IV für Anti-soziale Verhalten der Kindheit verwendet:

1. Verhaltensstörungen, die ein Muster des aggressiven Verhaltens gegenüber Personen oder Tieren, die Zerstörung von Eigentum, Fehlzeiten, ein Muster der Täuschung und/oder schwerwiegende Verstöße gegen die Regeln zu Hause oder in der Schule.

2. trotzige Oppositions Störung (ungerade)-solche Kinder und Jugendliche zeigen normalerweise ein Muster des herausfordernden und ungehorsamen Verhaltens, einschließlich Widerstand zu den Autoritäts Abbildungen, zwar nicht so streng wie Verhaltensstörung. Dazu gehören wiederkehrende Temperament Probleme, häufige Gespräche mit Erwachsenen, und Beweise für Wut und Groll. Darüber hinaus wird die trotzige Kind/Teenager oft versuchen, andere zu ärgern.

3. unspezifische Störungsverhalten Störung (DBD-NOS)-Dies ist eine Kategorie für diejenigen, die CD im Gange und ungerade, aber nicht erfüllen die Kriterien für eine Diagnose.

4. Einstellungs Störung: mit gemischter Störung der Gefühle und des Verhaltens-dieses ist eine Strecke der antisozialen Verhaltensweisen und der emotionalen Symptome, die innen innerhalb drei Monate eines Stressor setzen und erfüllen nicht die Kriterien der Störungen Bereits erwähnt.

5. Anpassungsstörung: mit Verhaltensänderung-Dies ist ähnlich wie bei anderen Anpassungsstörungen, aber mit antisozialen Verhalten nur.

6. anti-soziales Verhalten des Kindes oder Jugendlichen-diese Kategorie ist für isolierte antisoziale Verhaltensweisen, die nicht indikativ für eine psychische Störung.

2) Psycho Woman

Weibliche Psychopathie:

Weibliche Psychopathie ist besonders verschwommen, weil es leicht für normale dramatische weibliche Verhalten falsch interpretiert.

Einige sozial-und verhaltenswissenschaftliche Experten sind bereit zu akzeptieren, dass Frauen an reaktiver Gewalt teilnehmen können, wie Teilnahme an der Selbstverteidigung; Sie lehnen es ab, die Vorstellung zu akzeptieren, dass Frauen bereit sind, sich Zeit zu nehmen und einen gewalttätigen Akt zu planen.

Die Analogie zeigt, warum es für Menschen so schwierig ist, sich Frauen als psychopathische Raubtiere vorzustellen (Pearson, 1998). Alle Frauen sollen eine väterliche Antwort haben, selbst wenn es eine beunruhigte Antwort oder ein Wahnsinn ist. Eine Frau, die Wild und wütend mit ihrem Sohn wächst, wird Ihr Akt als eine Verpflichtung interpretiert (Pearson, 1998). Was passiert, wenn das Kind nicht die Fähigkeit hat, Sie überhaupt zu beeinflussen? Das Kind ist unsichtbar, vernichtet. Die schrecklichsten Fälle von Kindesmisshandlung sind diejenigen, in denen ein Kind ignoriert oder vernachlässigt wurde. Nichts kann so bedrohlich für das Ego der Kindheit erinnerte sich als die Idee der mütterlichen Gleichgültigkeit und Vernachlässigung, nicht nur für Psychopathen; Dies ist eine der häufigsten Formen der mütterlichen Aggression (Pearson, 1998).

Obwohl Männer eher Merkmale von Psychopathie als Frauen zeigen, Cleckley (1988) enthalten weibliche Probanden unter den Prototypen Fällen in der

Cordura-Maske, was darauf hindeutet, dass das komplette Psychopathie-Syndrom in beiden Gattungen auftritt. Laut Experten Psychopath Hare (1999) gibt es viele klinische Berichte von weiblichen Psychopathen, aber relativ wenig empirische Forschung. Dieser Verfasser glaubt, dass Geschlechterstereotypen und sexuelle Rolle Urteile einige der Ursachen des Mangels an Forschung auf weiblicher Psychopathie sind. Manche Menschen neigen dazu, antisoziale Verhaltensweisen von Frauen als eine Form der Persönlichkeitsstörung oder Borderline-Störung zu verbinden.

Im Vergleich zu den von Hare (2003) zur Verfügung gestellten Daten für männliche Täter sind Unterschiede bei den Faktor Belastungen der einzelnen Elemente des LCP-R in weiblichen Täter Proben zu finden. Hare (2003) erklärt, dass ähnliche Studien mit Maßnahmen Selbst-Berichterstattung auf der Grundlage psychopathischen Vergleich deuten darauf hin, dass das Männchen tendenziell höher in diesen Maßnahmen als die Frauen, Obgleich dieses Muster durch die Handvoll Studien qualifiziert wird, die nicht bedeutende Geschlechtsunterschiede finden. Es ist sehr interessant, wie der Hase (2003) weiter und zeigt die Allgemeinheit der Psychopathie und ihre Maßnahmen durch Geschlecht; Es ist auch notwendig, die Vergleichbarkeit der Instrumenten Struktur und der Funktionsweise des Artikels zu berücksichtigen.

Wie von Hare (1999) erklärt, könnte die Inkonsistenz in der Struktur des Faktors durch Geschlecht die Grenzen des ursprünglichen Modells von zwei Faktoren reflektieren. Hare (2003) und seine Kollegen führten eine detaillierte Prüfung mit einem vier-Facetten-Modell mit 138 weiblichen Insassen. Die Ergebnisse gegen Vorschläge, dass psychopathische Individuen können nicht von der Behandlung profitieren und ihre stellt die Möglichkeit der geschlechtsspezifischen Unterschiede in Reaktion auf die Behandlung (Hare, 2003). Psychopathische Frauen sind als narzisstische klassifiziert. Sie nutzen andere als Mittel ihrer eigenen Befriedigung, und lassen Sie, wenn Sie nicht mehr benötigt werden. Psychopathische Frauen nehmen immer, nie geben. Weibliche Psychopathen verwenden Sympathie als Beute für andere. Sie sind das Opfer. Sie nutzen die Schwäche, die Sie in anderen sehen. Sie scheinen schwach, erbärmlich, Aufmerksamkeit und Mitgefühl zu erregen, um die Wache des beabsichtigten Opfers zu senken. Darüber hinaus verwenden einige Frauen Sex als Haken, um mehrere Opfer in verworrenen

Beziehungen zu jonglieren. Als Beispiel, in der Film Befreiung der Herz

zerreißen, in 2001, die beiden Frauen entwässert die Energie und das Geld

ihres Opfers, bis Sie keinen Zweck gedient.

      Auch Hare (2003) erklärt, die inkohärenten Ergebnisse durch das

Geschlecht in Bezug auf die Beziehung zwischen Psychopathie und

kriminelle und gewalttätiges Verhalten. Diese Erkenntnis kann breitere

Unstimmigkeiten in der Entwicklung von antisozialen und aggressiven

Verhaltensweisen durch Gender widerspiegeln. Erkennt an, dass

geschlechtsspezifische Unterschiede in der Entwicklung von Aggression

Adoleszenz kann zu den Unterschieden in den Grundsätzen der

Psychopathie durch Geschlecht beitragen; Er fand auch eine weniger

starke Vorhersage von Gewalt bei Frauen als bei männlichen Exemplaren.

Hare (2003) Staaten, nur wenige Studien, wurden durchgeführt, um die

Beziehung zwischen Psychopathie per se, im Gegensatz zu Kriminalität und

Inhaftierung und andere Formen der Psychopathologie bei Frauen zu

untersuchen. Ein weiteres aktuelles Beispiel ist Jody Arias ist ein kaltblütig

Mord und ein Psychopath. Es ist sehr kalkuliert und manipulativ. Ihr

Hauptziel ist es, zu gewinnen und nicht erwischt zu werden. Arien am

Anfang schlossen die Ermittler, um herauszufinden, was geschah, Sie zu belügen. Psychopathen sind begeistert, zu nah an ihre Opfer zu kommen oder zu denken, dass Sie mit dem Mord entkommen. Jody Arias wurde immer eine Emotion durch Annäherung an die Ermittler, ohne erwischt.

Sein Hauptziel war "Nein" zu erwischen; Das ist Ihr Ziel. Es kann leicht von der Realität getrennt werden. Das plumpe Verhalten von Aria, Unreife, egozentrisch und narzisstische Persönlichkeit sind Teil seiner Psychopathie. Er ist ein unehrlicher Mensch, ein Psychopath, der versucht, damit davonzukommen. Wenn Sie aus etwas herauskommen will, weint sie oder gibt ihr Kopfschmerzen. Arien schreit, nicht für das, was er tat, wahrscheinlich weint, weil er Mitleid für sich selbst fühlt. "Es ist alles über Sie." Manchmal ist es schwer zu Jody Arias als Psycho-Killer zu sehen, sagten Sie: "Sie ist schön." Erscheinungen haben nichts mit der Psychopathie von Frauen und Männern zu tun; Es ist alles im Zusammenhang mit seiner Gehirnfunktion. Arien leidet an Borderline-Persönlichkeitsstörung und Psychopathie. Manchmal decken Menschen, die an Borderline-Persönlichkeitsstörungen leiden, ihre Fußabdrücke nicht ab; Sie begehen Selbstmord, nachdem Sie solche bösen Taten begangen haben. Was ist eine Borderline-Persönlichkeitsstörung? Das Hauptmerkmal der Borderline-Persönlichkeitsstörung (DBP) ist ein generalisiertes Muster der Instabilität in zwischenmenschlichen

Beziehungen, Selbst und Emotionen. Menschen mit Borderline-Persönlichkeitsstörung sind auch oft sehr impulsiv.

Diese Störung tritt in der Majorität durch frühes erwachsen sein auf. Das instabile Muster der Interaktion mit anderen ist seit Jahren andauernd. Die Beziehungen und Emotionen der Person kann oft als oberflächlich charakterisiert werden.

Eine Person mit dieser Erkrankung wird auch oft zeigen impulsives Verhalten und hat eine Mehrheit der folgenden Symptome:

- ❖ Hektische Bemühungen um reale oder imaginäre Aufgabe zu vermeiden

- ❖ Ein Muster von instabilen und intensiven zwischenmenschlichen Beziehungen, die durch den Wechsel zwischen extremen der Idealisierung und Abwertung gekennzeichnet sind

❖ *Identitätsstörung, wie ein sinnvolles und hartnäckiges instabiles Selbstbild oder Selbstbewußtsein*

❖ *Impulsivität in mindestens zwei Bereichen, die potenziell selbstzerstörerisch sind (z. b. Ausgaben, Sex, Drogenmissbrauch, rücksichtsloses Fahren, exzessiver Drogenkonsum)*

❖ *Wiederkehrendes Selbstmordverhalten, Gesten oder Drohungen oder Verhalten Verrückt*

❖ *Emotionale Instabilität durch signifikante Stimmungs Reaktivität (z.b. Intensive Disforia Episoden, Reizbarkeit, oder Angst, die in der Regel dauert ein paar Stunden und nur selten mehr als ein paar Tage)*

❖ *Chronische Gefühle der leere*

❖ *Unangemessen, intensive Wut oder Schwierigkeiten bei der Kontrolle Wut (zB häufige Temperament zeigt, ständige Wut, wiederkehrende körperliche Kämpfe)*

❖ *Transiente, Stress-bezogene paranoide Gedanken oder schwere Dissoziation Symptome*

- ❖ *Wie bei allen Persönlichkeitsstörungen muss die Person mindestens 18 Jahre alt sein, bevor Sie mit ihr diagnostiziert wird.*

- ❖ *Borderline-Persönlichkeit von Psychopathie Es ist häufiger bei Frauen. Borderline-Persönlichkeitsstörung wird gedacht, um ungefähr 2 Prozent der allgemeinen Bevölkerung zu beeinflussen.*

- ❖ *Jody Arias jenseits des Lebens mit ihren Eltern war beleidigend zu ihr, weil Sie Ihr Leben kontrollieren wollte, und Sie wollte tun, was Sie wollte. Sie erwähnt, dass Sie körperlich von ihren Eltern misshandelt, wenn Sie nicht tun, was Sie von ihr erwartet, die ihre missbräuchliche Beziehung gemacht.*

Soziale Fähigkeiten Kinderschänder:

"ein Psychopath erfindet die Realität, um seinen Bedürfnissen zu entsprechen" (Grondahl, 2006). Die Forschung dieses Schriftstellers über psychopathische Persönlichkeits Kategorien Unterschied sich in der Geschichte des körperlichen oder sexuellen Missbrauchs der Kindheit nicht erheblich; Ein größerer Anteil sekundärer Psychopathen zeugt jedoch von einer Geschichte der körperlichen und sexuellen. Cleckley (1988) Er erwähnt, dass, wenn er im Lichte seines Verhaltens, seiner Haltung oder des Materials beurteilt, das von der psychiatrischen Untersuchung genommen wird, er keinen Sinn der Schande zeigt. Dieser ältere männliche Schriftsteller Bruder nicht zeigen Nein n Gefühl der Emotion oder Pflege der Missbrauch, Sowie keine Anzeichen von Reue; Er war unbeweglich, als ob nichts geschehen war. Cleckley (1988) erklärt, dass Psychopathen sind immer voll von Kunststücken, von denen jede verwelken würde sogar die gefühllos Vertreter des gewöhnlichen Mannes. Er tat nicht, trotz seiner fähigen Proteste, zeigen die geringsten Beweise für größere Demütigung oder Reue (Neumann, 2007).

Dieser ältere männliche Bruder Verfasser ermangelt moralische Standards und Menschlichkeit. Sein Verhalten war immer eine der Überlegenheit. Seine Wirklichkeit wurde für seinen Vorteil gebaut, ohne Reue oder Konsequenzen hinter seinen Handlungen. Dieser Autor kann seine grausame Psychopathie, Dank dieser Psychopathie-Forschung, einer

Persönlichkeitsstörung vollständig schätzen und verstehen; Teil ihres

Handelns und Verhaltens; Ein Opportunist und ein Psychopath, der frei

war, zu tun, was er wollte Weg zu bekommen. Er ist ein klassischer

Psychopath. Hare (1999) erwähnt den Mangel an gewissen und Gefühle

der Psychopathen; In kaltem Blut nehmen Sie, was Sie wollen und tun, was

Sie möchten, verletzen soziale Normen und Erwartungen ohne das

geringste Gefühl von Schuld oder Reue.

Neuere Forschungen deuten darauf hin, dass es eine Beziehung

zwischen psychopathischen Persönlichkeitsstörung und irgendeiner Form

von sexueller Gewalt in der Adoleszenz (Shohov, 2002). Shohov (2002)

stellt auch fest, dass das Verhältnis zwischen Kindesmisshandlung und

Psychopathie viel weniger klar ist. Basierend auf der Feststellung der

Forschung, argumentieren wir, dass einige Sexualstraftäter als sexuelle

Psychopathen klassifiziert werden können, Kriminelle, deren sexuell

abweichendes Verhalten an verschiedenen Opfer Profilen gerichtet ist und

wer sind Motiviert vor allem durch die Suche nach Emotionen und Chancen

(Shohov, 2002). Forschung, die zu einem besseren Verständnis solcher

Personen Sie wird diesen Prozess informieren und verbessern. Ein Faktor,

der wesentlich zur Kriminalität im allgemeinen und zum sexuell abweichenden Verhalten beiträgt, insbesondere, ist die Konstellation der

Eigenschaften, die als Psychopathien bekannt sind (Shohov, 2002). Für

sexuelle Psychopathen, argumentieren wir, dass es ein sexuelles Element

und die Art des Opfers, die sind oder zu diesem Zeitpunkt insbesondere das

Objekt der gewaltsamen Verfolgung von Emotionen (Porter 2000).

Porter (2000) vermutet, dass psychopathische Individuen Über In

Straftätern, die sexuell beleidigen gegen eine Vielzahl von Arten von

Opfern. Das grundlegendste Klassifikationssystem der Sexualstraftäter

unterscheidet Pädophile und Kinderschänder (Shohov, 2002).

Kinderschänder sind Opportunisten, unter Bedingungen und Szenarien, um

ihre Verbrechen zu begehen. Täter suchen einfache Ziele, meist Kinder, die

Sie kennen, und haben eine Beziehung aufgebaut. Der durchschnittliche

männliche Bruder dieses Autors sah eine Gelegenheit, seine sexuellen

Triebe zu befriedigen und nahm es. Sie ließen mich verlassen, ohne

elterliche Aufsicht, ihre psychopathischen Veranlagungen wurde leichter

für ihn bitte. Auf der anderen Seite, für die Psychopathen primäre

Subsistenz ist zu lügen, ohne physiologische Reaktionen. Lügen ist deine

Hauptwaffe. Lügen ist die Rechtfertigung in ihren Köpfen, die das Recht *haben, Schaden zu verursachen und Lüge sind so natürlich wie das Atmen für Sie. Psychopathen, wenn Sie in einer Lüge gefangen sind, versuchen zu entkommen schaffen mehr Lügen.*

Wer sind die Friseure? Sie sind die ersten, die mit Erwachsenen für den ausdrücklichen Zweck des Empfangens des freien Zugangs zu den Kindern durch unschuldige aber unwissende Erwachsene amüsiert werden (Van-Damm, 2006). Pädophile neigen auch zu denjenigen, die eher zu höflich, um Sie zu verteidigen, zu schüchtern und ängstlich zu sagen, Sie zu verlassen, zu Abhängig, energisch zu sein, und zu beeindruckt von Ihrem Rang, macht, Status oder Geld, um das richtige zu tun (van Dam, 2006). Kinderschänder sind absichtlich mit Erwachsenen assoziiert und können diese Probleme nicht angehen. Sie suchen Erwachsene, die sich darum kümmern, die Gefühle der Menschen zu verletzen. Sie lieben Erwachsene, die nicht glauben, dass es passieren könnte. Dam (2006) Erwähnungen in seinem Buch "sozial versierte Pädophile", Kinder, die am meisten ausgesetzt sind sexuell missbraucht von diesen Friseuren sind Kinder von Erwachsenen, die nicht ertragen können, über Kinderschänder (van Dam, 2006) lernen umgeben. Daher können diese Erwachsenen daher eher zu beschimpfern von Kindern in ihren Häusern, Organisationen oder Gemeinden willkommen, ignorieren die Beweise, überwinden Bedenken und sprechen über den Glauben möglicher Verdacht (van Dam, 2006).

Daher sind die Täter von Kindern, die süchtig nach Sex mit Kindern sind

eher zu erscheinen, wo Kinder versammeln. Manchmal alles, was Sie tun

müssen, ist im Chat zu erhalten und einen Termin mit einem Kind ohne

elterliche Erlaubnis. Das unbeaufsichtigte Kind ist schneller als die Kinder,

die ständig unter den Schildern der Eltern sind. Einige Friseure machen

einen Schritt weiter und arrangieren die Menschen weg von zu Hause. Die

Vorbereitung des sozialen Umfelds bleibt auch nach einem kriminellen

zugibt oder verurteilt. Der Täter in diesem Fall der durchschnittliche Bruder

bot an, sich um seine kleine Schwester zu kümmern, um Sie zu

missbrauchen. Er benutzte Denial als einen Weg, um der Situation zu

entkommen. Es ist ein Merkmal, dass die meisten Sexualstraftäter und

Kinderschänder leugnen, was Sie taten.

Dieser Verfasser liefert ein Beispiel des durchschnittlichen Kranken

Bruders und der Bereitschaft. Dies ist ein Teil der Geschichte, die auf die

Toilette bezieht. Es ist wichtig zu verstehen, dass Psychopathen äußerst

manipulativ sind. Sie leiden unter einer Persönlichkeitsstörung und

Kinderschänder arrangieren Ihre Opfer.

Die psycho Stalker und Kinder belästigt mich mehrere Male ein wenig und älter. Es geschah, als wir von Kuba nach Madrid, Spanien umzogen. Der durchschnittliche Bruder war nie ein Bruder, der einen Dreck um seine kleine Schwester geben würde. Er wird mich nie für einen Spaziergang nehmen oder mit mir reden. Bis zu diesem Tag begann er, dieses Opfer zu befestigen und zu missbrauchen. Als ich ein Kind war, schenkte niemand diesem Autor viel Aufmerksamkeit, außer einigen Cousins aus Madrid. Meine Mutter und mein Vater waren nicht die typischen Konversations Typen und Sie schenkten mir nicht viel Aufmerksamkeit. Der ältere Bruder Tat immer sein eigenes Ding und achtete nie auf mich. Für den großen Bruder, um mich aus war ein Fiasko, hat er nicht gerne um mich kümmern. Also, der Psychopath wusste, dass er bei der Vorbereitung dieses Schriftstellers erfolgreich sein würde. Es wird eine leichte Aufgabe für ihn sein. Sie ließen mich in den Händen des Bösen.

Im Alter von zwölf und dreizehn änderte sich meine Entwicklung sehr schnell, und der durchschnittliche Bruder erkannte es. Er sprach nie mit mir bis zu diesem Tag. Ich war überrascht, dass er nie zuvor mit mir gesprochen und über Superman gesprochen hat. Als ich ein Kind war, liebte ich Superman, und ich hatte ein Plakat von ihm in meinem Zimmer.

Eines Tages kam er in mein Zimmer und erzählte mir von Superman und sagte schöne Dinge über ihn, und dass er gehen, um eine mehr Superman Poster nur für mich zu kaufen. Der Pflegeprozess dauerte ein oder zwei Wochen und begann dann, meine Kleider abzunehmen. Im Alter von zwölf Jahren hatte dieser Schriftsteller keine Ahnung, was er wollte. Allmählich zog er meine Kleider aus und belästigt mich im Alter von zwölf, dreizehn, vierzehn, fünfzehn und siebzehn. Der Kinderschänder ist fast sechs Jahre älter als dieser Schriftsteller; In diesem Moment geschah es, dass es wahrscheinlich achtzehn, neunzehn, zwanzig, einundzwanzig und zweiundzwanzig war. Er wusste, was er tat. Ich pflegte, um pornographische Zeitschriften im Alter von elf zu zeigen und mich bitten, mein Bein zu öffnen und posieren wie Mädchen in Zeitschriften. Er ist nicht nur ein Kinderschänder, sondern auch ein Friseur, ein Psychopath und ein Bastard. Sie tun das nicht, um Ihre kleine Schwester oder jemand, Kinder sind nicht geboren, um nicht von ihrem Bruder oder jemand missbraucht werden. Die Zubereitung wurde im Alter von vierzehn Jahren gestoppt. Ich denke, eines Tages bekam er müde von seinem Spiel Pflege, und eines Tages versucht er, mich vor meiner Mutter und älterer Bruder zu berühren. Der ältere Bruder sagte zu ihm: "die kleinen Schwestern dürfen nicht berührt werden." Meine Mutter sah es und erkannte, was los war und stellte mich in eine Kita denken, dass dies ihr krankes Verhalten auf mich

zu stoppen. Meine Mutter sagte nie etwas zu meinem Vater, wie ich

wusste, dass ich ihn getötet hätte. Dies war die schlechteste Alternative

und die Aktion, die ich nehmen konnte, da ich den Missbrauch fortgesetzt.

Er ist ein Schwein und der Teufel. Ich könnte Leben unter wilden Tieren

überleben, weil ich besser bin als Sie.

Als misshandeltes Kind haben wir weniger Erfahrung bei der

Dekodierung von Gesichtsausdrücken. Untersuchungen deuten darauf hin,

dass misshandelte Kinder weniger geschickt sind, um Gesichtsausdrücke zu

entziffern. Die Lösung für diesen Missbrauch ist die Behandlung, aber auch

mit der Therapie ist der Missbrauch jemals zu stoppen? Hört nie auf, die

Behandlung funktioniert nicht. Was funktioniert ist Gefängnis, die

Identifizierung ihrer Eigenschaften von Psychopathie/Kinderschänder und

Weg von Ihnen zu helfen.

Verringerte sexuelle Libido:

Der Täter kann einen Rückgang in seiner sexuellen Libido erleben, aber das ist nur zu erwischen und ist nur vorübergehend. Dieser Rückgang der sexuellen Libido heißt "die Wirkung Kloster, "die auf dem Mythos, dass die Mönche nicht über signifikante sexuelle Libido und daher nicht in der sexuellen Aktivität engagieren basiert. Dieser Effekt ist kurzlebig, Psychologen, die sich nicht direkt mit sexuellen Fragen beschäftigen, können das klösterliche Ergebnis als Heilmittel nehmen. Dies ist ein Fehler, der nicht Es sollte passieren. Der Täter von Kindern kann die klösterliche Wirkung und ihre Psychopathie nutzen, um andere glauben zu machen, dass Sie geheilt sind, wenn Sie es nicht sind. Diese Menschen brauchen eine Therapie für Ihr ganzes Leben und ihre Existenz; Kinderschänder werden nicht an einem Tag geheilt.

Psychologische Konsequenzen

Dieser Schriftsteller hat starken Einfluss "Härte verstärkt." Sexuell misshandelte Frauen leiden körperlich, psychisch und emotional. Dieser Schriftsteller weigert sich, ein Opfer zu sein. Dieser Schriftsteller war ein misshandeltes Kind im Alter von zwölf Jahren und litt unter Störungen Von

Aufmerksamkeitsdefizit und posttraumatischen Stressstörungen.

Überlebende von sexuellem Missbrauch kann auch Erfahrung

"Dissoziation" eine beeindruckende Abwehrmechanismus während der

kontinuierlichen sexuellen Missbrauch, in dem die Person, die missbraucht

wird "Lets", Ihren Körper, und schaut auf missbrauchen eine höhere Sicht

gebildet. Opfer neigen, ihre eigenen schlimmsten Feinde zu sein, da Sie

durch die Sachen beschädigt werden können, die Sie tun.

Überlebende Verbindung mit anderen: der After Effect:

Da die Überlebenden konzentriert sich auf Fragen mit Identität

und Intimität, es fühlt sich oft wie eine zweite Adoleszenz. Der

Überlebende, der in einer missbräuchlichen Umgebung aufgewachsen ist,

fehlt die sozialen Fähigkeiten, die in der Regel in diesem Zustand des

Lebens zu entwickeln. Das Unbehagen Ad Selbst und Selbst Das machen

die normale Adoleszenz turbulent und schmerzhaft ist Sie vergrößern oft

auf Erwachsene Überlebende, die sich schämen können. Die Teenager-Stil

der Bewältigung kann auch prominent zu diesem Zeitpunkt.

Die unterbrochene Beziehung:

In einem Klima der zutiefst unterbrochenen Beziehung steht das Kind vor einer gewaltigen Entwicklungsaufgabe. Ich musste einen Weg finden, mich neu zu gestalten, der Teil der Entschließung ist. Ich muss einen Weg finden, um ein Gefühl der grundlegenden Vertrauen und Sicherheit mit allem um mich herum zu entwickeln. Ich muss mein eigenes Selbstverständnis in Bezug auf andere entwickeln, die hilflos, sorglos oder grausam zu mir sind. Ich musste meinen eigenen selbstregulierenden Körper in einer Umgebung entwickeln, in der mein Körper jemand anderem in der Familie, meinem durchschnittlichen Bruder, dem Psychopathen, zur Verfügung stand. Als kleiner Junge wusste ich nicht, was los war und was Sie mit mir machten. Ich musste eine Initiative Umwelt zu entwickeln, wenn ich eine Bereitschaft zur vollständigen Einhaltung der Missbrauch und Belästigung zu bringen. Auf der anderen Seite hat der Täter das gleiche zu tun; Sein Job zu verstecken ist furchtbar, dass nur ein Psychopath tun könnte. Ich finde mich gnadenlos aufgegeben; Ich muss Vertrauen in mich selbst finden, Hoffnung und Bedeutung bewahren. Ich überlebte, wie viele Gefangene Personen, die missbraucht

werden müssen, gehen zusammen mit Mobbing, Aufgabe und Terror. Ich

wusste nicht, besser, im Alter von elf konnte ich nicht laufen und gehen,

musste ich zu Hause sagen und weiterhin glauben, dass es nichts falsch

mit der Aufgabe meiner Eltern, es war nichts falsch mit sexuellem

Missbrauch. Ich sagte: "das ist ein Geheimnis, das ich von beiden halten

muss, das war die einzige Form der Liebe, die ich zu dieser Zeit bekam und

die einzige Aufmerksamkeit." , dass dies Teil des Erwachsenwerdens, war

dies Liebe geben in einer anderen Weise, oder Form. Nachdem ich mein

eigenes Land gelebt habe, um in ein neues Land zu gehen, nachlässig von

meinen Eltern, ließen Sie mich in den Händen des Bösen, meine einzige

Flucht war, den Schmerz zu nehmen, nehmen Sie den Missbrauch, und

ertragen die Qual.

Wenn du missbraucht worden bist, fühlst du dich schuldig und

beschämend; Der Grund ist Alter, ich konnte nicht zwischen gut und Böse

zu beurteilen. Es geschah, als ich zwölf Jahre alt war; Das Kind ist nicht zur

Kontrolle entwickelt. Dieser Verfasser konnte nicht verstehen, was der mittlere Psycho-Bruder mit meinem Körper tat und warum? Dieser

Schriftsteller war sehr jung, sorglos, schüchtern und ungeschützt von

seinen Eltern. Ich leide unter geringem Selbstwertgefühl.

Ich konnte überleben, indem ich die Hoffnung nicht aufgebe. Also

gründete ich Menschen, die meine Geschichte hörten und verstanden. Er

fand Mitgefühl von Freunden und fremden, dass mein eigenes Fleisch und

Blut. Ich übte Mitleid gegenüber anderen aus und lernte ein Leben ohne

Schmerzen zu leben.

Im Zusammenhang mit Dissoziation ist sexuelle "Taubheit", die

das Ergebnis eines Kindes will seinen Körper zu betäuben gegen Aufregung

bei unerwünschter Berührung (Scott, 2008). Leider kann dieser

Abwehrmechanismus zu einem Gefühl der Dissoziation während der

gewünschten sexuellen Aktivität mit einem geliebten Menschen später im

Leben führen.

Wenn Frauen als Kinder belästigt worden sind, können

Nebenwirkungen leistungsfähig sein. Die aktuellen Beziehungen können

beeinträchtigt werden. Das geben und empfangen der Emotionale oder körperliche Intimität wird oft kompromittiert. Die Ängste einer Frau können Ihren Kindern ihre Gefühle projizieren.

Darüber hinaus sind andere Erkrankungen als Folge der schweren Missbrauch in der Kindheit Depersonalisierung Störung. Dies kann körperliche, emotionale oder sexuelle in der Natur.

Ergebnisse in 2002 deuten darauf hin, dass ein emotionaler Missbrauch ist vor allem eine starke Vorhersage der Depersonalisierung Störung im Erwachsenenalter, sowie der Depersonalisierung als Symptom in anderen Störungen Geistige; Analyse einer Studie von 49 Patienten diagnostiziert mit Depersonalisierung Störung angegeben höhere Werte als Kontrollthemen für die Gesamtmenge der emotionalen Missbrauch erlitten und für die maximale schwere dieses Missbrauchs (Scott, 2008). Die Forscher kamen zu dem Schluss, dass der emotionale Missbrauch von Psychiatern im Vergleich zu anderen Formen des Kinder Traumas relativ vernachlässigt wurde (Scott, 2008).

Fazit: Konfliktlösung:

Dieser Schriftsteller arbeitet Konfliktlösung ist zu loslassen all die Irritation, Wut, Groll, Unbehagen und Enttäuschung. Es gibt nicht viel, was wir über unsere Vergangenheit tun können, aber wir können die Zukunft unserer Kinder ändern, indem wir uns um Sie kümmern. Er half mir dieses Buch zu schreiben und sammeln alle Informationen untersucht. Es half mir als Opfer sieht die andere Seite der Realität, die Realität des Täters und der Psychopath. Aus praktischen Gründen vertrauen die meisten Menschen, wie Menschen handeln sollten. Die Erfahrungen im Umgang mit einem Kind der Täter und der Psychopath helfen mir, ihre irreführenden Traktate klar zu verstehen. Er weiß, wie man hinter seiner Maske zu verstecken, und seine Manipulation so wird ein Experte in der Beschaffung der Akzeptanz von anderen. Egal, wie oft ich meine Geschichte zu erklären, nur andere werden es verstehen, wenn Sie von Angesicht zu Angesicht mit dem Raubtier und selbst wenn wir Raubtiere, dass wir nicht in der Lage sein, durch Sie zu sehen Gesicht. Tun, um Ihre Psychopathie sind schwer zu fangen. Der Täter hat immer die Wahrheit über sich selbst von anderen verborgen. Er hat auch absichtlich Teile seines Lebens offenbart, die den Verdacht mindern würden. Er hat gelernt, die Reaktionen anderer zu lesen und zu kalibrieren, wenn andere misstrauisch sein können. Er ist ein geschickter Betrüger. Menschen, die täglich damit umgehen, müssen die grundlegenden Schritte lernen, um ihre absichtliche Enttäuschung zu erkennen. Die Auflösung für dieses Schreiben war es, dieses Buch zu schreiben, um das Bewusstsein auf Ihre persönliche Erfahrung Leben mit einem Psychopathen zu schaffen. Zur gleichen Zeit war dieser Schriftsteller in der Lage zu lernen, basierend auf Forschung, die die Merkmale eines Psychopathen sind. Diese Forschung war ein Augenöffner für diesen Schriftsteller und viele Leser. Wie die Alkoholiker, die Sexualstraftäter nie heilen. Die Beziehung zu Ihnen sollte auf Skepsis beruhen. Lykken (1995) besagt, dass die meisten antisozialen Verhaltensweisen bei Kindern durch die mangelnde Vaterschaft von abwesenden Eltern und unzureichende Mütter, die ihre Kinder vernachlässigen verursacht werden. Vielleicht ist das Kind frustriert Sie oder vielleicht Ihre Elternschaft Fähigkeiten sind subnormal und, So oder so, das Kind handelt (Lykken, 1995). Lykken (1995) nennt diese soziopathischen Kinder, und er glaubt, dass wir seine Zahlen mit besseren Sozialfähigkeiten im Land senken können. Es liegt an den Eltern, dies zu tun, und wenn Elternschaft scheitert, kann das Kind mit diesen Merkmalen Sie durch Gewalt auszudrücken (Lykken, 1995). Die Meinung dieses Autors, das Kind anfällig für Psychopathie kann durch eine gute Zucht mit Merkmalen der Wege geführt werden Prosocial. Sie leben in allen

Kulturen. (1948) glaubte, dass infolgedessen nur sekundäre Psychopathen

anfällig für Behandlung sind, weil ihr Verhalten erworben wird und auf

einem zugrundeliegenden Konflikt basiert und folglich die Fähigkeit

besitzen, moralisches und ethisches Leben zu leben. Offensichtlich sind

diese Arten von Cheating-Strategien (die auch aus Lügen, Betrug, List,

Täuschung, etc.) werden häufig von Psychopathen in Ihrem täglichen

Leben verwendet, und in der Regel gut für Sie arbeiten, insbesondere um

Zugang zu gewinnen Tötungen und Ressourcen notwendig für das

Überleben (Hare, 1993). Eltern, in geeigneter und sensibler Weise, lehren

ihre Kinder über die mögliche Gefahr des Missbrauchs und wie es zu

vermeiden. Achten Sie auf Warnzeichen, wie z. b. eine plötzliche Änderung

des Verhaltens eines Kindes, die auf ein Problem hinweisen und wachsam

sein, um ein Kind ungelösten Gefühle und identifizieren ihre Herkunft

(Scott, 2008).

Die persönliche Reise dieses Schriftstellers in die Erforschung und

Analyse von Psychopathie hat zu einer Katharsis und Offenbarung der

Augenöffnung geführt. Wenn diese Störung vor den unglücklichen

Erfahrungen dieses Verfassers als unschuldiges Kind erkannt worden oder

diagnostiziert worden war, würde er diesen Verfasser von der Geistesqual

und von der psychologischen Fortsetzung gespeichert haben.

Konfliktlösung für diese Situation kann nur auftreten, wenn Familienmitglieder wie eine Mutter, Geschwister und nahen Verwandten zu verstehen und zu erkennen, die Pathologie der Persönlichkeitsstörung wie Psychopathie. Um eine Wiederholung der Vorfälle zu stoppen und zu vermeiden, die zu diesem Verfasser aufgetreten sind, sollte eine Klassen Intervention durchgeführt werden, um die mittlere männliche Störung aufzudecken.

Falls diese Konfliktlösung auftritt, ist die Fähigkeit, "die andere Seite der Wirklichkeit" zu sehen, das, was uns vor den Angriffen eines Psychopathen retten wird. Wir müssen Sie für das, was Sie sind und nicht für das, was Sie versuchen zu vertreten, zu sehen. Die Gegenwart ist wichtig; Die Vergangenheit ist Weg; Die Arbeit an den Traumata der Vergangenheit macht uns heute zu einem besseren Menschen für die Gesellschaft. Sobald wir die Erkenntnis bekommen, was uns passiert ist, können wir uns nicht mehr verletzen. Es ist Zeit, sich zu erholen und das neue Sie zu werden.

Auflösung nach Trauma:

Nachdem das Trauma in der Vergangenheit abnimmt, stellt es nicht mehr ein Hindernis für Intimität dar. An diesem Punkt bin ich nicht mehr ein Opfer, sondern hat sich zu einem neuen Überlebenden. Beziehungen in der Zukunft sind bereit, mit Energie und neuen Ideen zu etablieren. Wenn das Opfer während des Wiederherstellungsprozesses an einer Beziehung beteiligt war, wird es einfacher, den Prozess mit einem Partner durchzugehen. Der Partner half mir mit dem Trauma.

Die Auflösung des Traumas ist nie endgültig, und die Genesung ist nie vollendet. Die Auswirkungen des traumatischen Ereignisses werden durch den Lebenszyklus des Überlebenden fortgesetzt. Es ist an den Überlebenden, Hilfe zu finden, um sich zu erholen, aber das wichtigste, um Frieden und Verständnis von dem zu finden, was geschehen ist. Konflikte, die in einer Wiederherstellungsphase ausreichend gelöst wurden, werden nicht mehr reproduziert und verschwinden. Der Grund für die Schaffung dieses Buches war, den Opfern zu helfen, die Resolution zu finden. Die Wahrheit viele von uns haben traumatische Erinnerungen, aber es gibt einen Punkt in unserem Leben, dass wir sagen können: "heute werde ich aufhören zu leiden; Heute werde ich nicht mehr weinen. " Heute ist meine Zeit, glücklich zu sein. " Verzeihen und schaffen ein neues Leben für Sie heute. Wir können nicht zulassen, Erinnerungen zu jagen uns nach unten, oder machen uns das Gefühl Elend. Wir sind die Herrscher unseres Lebens, und wir haben die Macht zu ändern, wer wir sind. Heute ist der Tag, um ein gutes Gefühl über sich selbst, Sie zu sein und zu akzeptieren, andere für das, was Sie sind und wie Sie sind. Wir müssen uns wiederholen, dass wir gut sind, dass wir nicht mehr die Opfer sind; Wir sind die Überlebenden, und wir sind hier auf dieser Erde, um unsere Traumata zu ertragen, von Ihnen zu lernen und weiterzuziehen. Ich verstehe, dass es manchmal nicht leicht ist, weiter zu machen, Aber es muss getan werden, um zu überleben und ein besseres Leben als das Leben der Täter. Obwohl die Entschließung nie vollständig ist, ist es oft genug für mich als Überlebende, meine Aufmerksamkeit auf die Aufgabe des normalen Lebens zu wenden.

Nach Trauma und Wiederherstellung des Buches durch----------sind die folgenden Stadien zu befolgen, und alle sind miteinander verbunden. Es gibt keine Ordnung auf, wie wir diese Stadien handhaben; Der Überlebende geht durch einige dieser Stadien. Man kann vor den anderen kommen; Es gibt keine Ordnung, wie unsere Gefühle und Viktimisierung zu behandeln. Der wichtigste Teil des Prozesses ist es, dankbar zu sein für Ihr aktuelles Leben und für die Änderungen, die Sie abgeschlossen haben und zierte durch das, was Sie jetzt haben, die Teil des Recovery-System ist.

1) die psychologischen Symptome der posttraumatischen Belastungsstörung sind überschaubar oder nicht existent gewesen

2) fähig, Gefühle zu kontrollieren, die mit Stress oder traumatischem Missbrauch, etc. verbunden sind.

3) die Person hat die Autorität, um seine Memoiren zu behandeln, und entscheiden, wann Sie zu entfernen und wann Sie auf der Seite verstecken

4) narrative Erinnerungen in Verbindung mit Gefühlen

5) Selbstwertgefühl wurde wiederhergestellt = dies muss auf einer täglichen Basis gearbeitet werden, ist es eines der am schwersten zu restaurieren.

6) wichtige Beziehungen wurden aufgebaut oder wiederhergestellt.

7) die Person hat ein kohärentes System von Sinn und glauben rekonstruiert, das die Geschichte des Traumas umfasst.

8) meine Theorie: ändern Sie Ihre Meinung, ändern Sie Ihr Denken wird dazu beitragen, zu ändern, wer Sie sind, weil Sie positiv sind und keine Angst davor, sich selbst.

Verringerte sexuelle Libido:

Der Täter kann einen Rückgang in seiner sexuellen Libido erleben, aber das ist nur zu erwischen und ist nur vorübergehend. Dieser Rückgang der sexuellen Libido heißt "die Wirkung Kloster, "die auf dem Mythos, dass die Mönche nicht über signifikante sexuelle Libido und daher nicht in der sexuellen Aktivität engagieren basiert. Dieser Effekt ist kurzlebig, Psychologen, die sich nicht direkt mit sexuellen Fragen beschäftigen, können das klösterliche Ergebnis als Heilmittel nehmen. Dies ist ein Fehler, der nicht passieren sollte. Der Täter von Kindern kann die klösterliche Wirkung und ihre Psychopathie nutzen, um andere glauben zu machen, dass Sie geheilt sind, wenn Sie es nicht sind. Diese Menschen brauchen eine Therapie für Ihr ganzes Leben und ihre Existenz; Kinderschänder werden nicht an einem Tag geheilt.

Dieser Schriftsteller hat starken Einfluss "Härte verstärkt." Sexuell misshandelte Frauen leiden körperlich, psychisch und emotional. Dieser Schriftsteller weigert sich, ein Opfer zu sein. Dieser Schriftsteller war ein misshandeltes Kind im Alter von zwölf Jahren und litt unter Störungen Des Aufmerksamkeitsdefizits und Störungen Post traumatischer Stress. Überlebende von sexuellem Missbrauch können auch Erleben "Dissoziation" eine beeindruckende Abwehrmechanismus während der kontinuierlichen sexuellen Missbrauch gebildet, in denen die Person missbraucht "Lets", Ihren Körper, und sah Missbrauch einer höheren Sicht. Opfer neigen, ihre eigenen schlimmsten Feinde zu sein, da Sie durch die Sachen beschädigt werden können, die Sie tun.

Überlebende Verbindung mit anderen: der After Effect:

Da die Überlebenden konzentriert sich auf Fragen mit Identität und Intimität, es fühlt sich oft wie eine zweite Adoleszenz. Der Überlebende, der in einer missbräuchlichen Umgebung aufgewachsen ist, fehlt die sozialen Fähigkeiten, die in der Regel in diesem Zustand des Lebens zu entwickeln. Das Unbehagen Ad Selbst und Selbst Das machen die normale Adoleszenz turbulent und schmerzhaft sind oft in erwachsenen Überlebenden, die sich schämen können vergrößert. Die Teenager-Stil der Bewältigung kann auch prominent zu diesem Zeitpunkt.

Die unterbrochene Beziehung:

In einem Klima der zutiefst unterbrochenen Beziehung steht das Kind vor einer gewaltigen Entwicklungsaufgabe. Ich musste einen Weg finden, mich neu zu gestalten, der Teil der Entschließung ist. Ich muss einen Weg finden, um ein Gefühl der grundlegenden Vertrauen und Sicherheit mit allem um mich herum zu entwickeln. Ich muss mein eigenes Gefühl von selbst in Bezug auf andere, die hilflos sind, sorglos zu entwickeln, oder grausam zu mir. Ich musste meine eigene Körper Selbstregulierung in einer Umgebung entwickeln, in der mein Körper jemand anderem in der Familie, meinem durchschnittlichen Bruder, dem Psychopathen, zur Verfügung stand. Als kleiner Junge wusste ich nicht, was los war und was Sie mit mir machten. Ich musste eine Initiative

Umwelt zu entwickeln, wenn ich eine Bereitschaft zur vollständigen

Einhaltung der Missbrauch und Belästigung zu bringen. Auf der anderen

Seite hat der Täter das gleiche zu tun; Sein Job zu verstecken ist furchtbar,

dass nur ein Psychopath tun könnte. Ich finde mich gnadenlos aufgegeben;

Ich muss Vertrauen in mich selbst finden, Hoffnung und Bedeutung

bewahren. Ich überlebte, wie viele Gefangene Personen, die missbraucht

werden müssen, gehen zusammen mit Mobbing, Aufgabe und Terror. Ich

wusste nicht, besser, im Alter von elf konnte ich nicht laufen und gehen,

musste ich zu Hause sagen und weiterhin glauben, dass es nichts falsch

mit der Aufgabe meiner Eltern, es war nichts falsch mit sexuellem

Missbrauch. Ich sagte: "das ist ein Geheimnis, das ich von beiden halten

muss, das war die einzige Form der Liebe, die ich zu dieser Zeit bekam und

die einzige Aufmerksamkeit." Dass dies Teil des Erwachsenwerdens, war

dies Liebe geben in einer anderen Weise, oder Form. Nachdem ich mein

eigenes Land gelebt habe, um in ein neues Land zu gehen, nachlässig von

meinen Eltern, ließen Sie mich in den Händen des Bösen, meine einzige

Flucht war, den Schmerz zu nehmen, nehmen Sie den Missbrauch, und

ertragen die Qual.

Wenn du missbraucht worden bist, fühlst du dich schuldig und beschämend; Der Grund ist Alter, ich konnte nicht zwischen gut und Böse zu beurteilen. Es geschah, als ich zwölf Jahre alt war; Das Kind ist nicht zur Kontrolle entwickelt. Dieser Verfasser konnte nicht verstehen, was der mittlere Psycho-Bruder mit meinem Körper tat und warum? Dieser Schriftsteller war sehr jung, sorglos, schüchtern und ungeschützt von seinen Eltern. Ich leide unter geringem Selbstwertgefühl.

Ich konnte überleben, indem ich die Hoffnung nicht aufgebe. Also gründete ich Menschen, die meine Geschichte hörten und verstanden. Er fand Mitgefühl von Freunden und fremden, dass mein eigenes Fleisch und Blut. Ich übte Mitleid gegenüber anderen aus und lernte ein Leben ohne Schmerzen zu leben.

Im Zusammenhang mit Dissoziation ist sexuelle "Taubheit", die das Ergebnis eines Kindes will seinen Körper zu betäuben gegen Aufregung bei unerwünschter Berührung (Scott, 2008). Leider kann dieser Abwehrmechanismus zu einem Gefühl der Dissoziation während der gewünschten sexuellen Aktivität mit einem geliebten Menschen später im Leben führen.

Wenn Frauen als Kinder belästigt worden sind, können Nebenwirkungen leistungsfähig sein. Die aktuellen Beziehungen können beeinträchtigt werden. Das geben und empfangen von emotionaler oder körperlicher Intimität ist oft gefährdet. Die Ängste einer Frau können Ihren Kindern ihre Gefühle projizieren.

Darüber hinaus sind andere Erkrankungen als Folge der schweren Missbrauch in der Kindheit Depersonalisierung Störung. Dies kann körperliche, emotionale oder sexuelle in der Natur.

Ergebnisse in 2002 deuten darauf hin, dass ein emotionaler Missbrauch ist vor allem eine starke Vorhersage der Depersonalisierung Störung im Erwachsenenalter, sowie der Depersonalisierung als Symptom in anderen Störungen Geistige; Analyse einer Studie von 49 Patienten diagnostiziert mit Depersonalisierung Störung angegeben höhere Werte als Kontrollthemen für die Gesamtmenge der emotionalen Missbrauch erlitten und für Der maximale Schweregrad von diesem Missbrauch (Scott, 2008). Die Forscher Sie kamen zu dem Schluss, dass der emotionale

Missbrauch von Psychiatern im Vergleich zu anderen Formen des Kinder

Traumas relativ vernachlässigt wurde (Scott, 2008).

Fazit: Konfliktlösung:

Dieser Schriftsteller arbeitet Konfliktlösung ist zu loslassen all

die Irritation, Wut, Groll, Unbehagen und Enttäuschung. Es gibt nicht viel,

was wir über unsere Vergangenheit tun können, aber wir können die

Zukunft unserer Kinder ändern, indem wir uns um Sie kümmern. Er half mir

dieses Buch zu schreiben und sammeln alle Informationen untersucht. Es

half mir als Opfer sieht die andere Seite der Realität, die Realität des

Täters und der Psychopath. Aus praktischen Gründen vertrauen die

meisten Menschen, wie Menschen handeln sollten. Die Erfahrungen im

Umgang mit einem Kinderschänder und einem Psychopathen helfen mir,

ihre irreführenden Traktate klar zu verstehen. Er weiß, wie man sich hinter

seiner Maske versteckt, und seine Manipulation macht ihn zu einem

Experten für die Akzeptanz anderer. Egal, wie oft ich meine Geschichte zu

erklären, nur andere werden es verstehen, wenn Sie von Angesicht zu

Angesicht mit dem Raubtier und selbst wenn wir Raubtiere, dass wir nicht

in der Lage sein, durch Sie zu sehen Gesicht. Tun, um Ihre Psychopathie

sind schwer zu fangen. Der Täter hat immer die Wahrheit über sich selbst

von anderen verborgen. Er hat auch absichtlich Teile seines Lebens

offenbart, die den Verdacht mindern würden. Er hat gelernt, die

Reaktionen anderer zu lesen und zu kalibrieren, wenn andere misstrauisch

sein können. Er ist ein geschickter Betrüger. Menschen, die täglich damit

umgehen, müssen die grundlegenden Schritte lernen, um ihre absichtliche

Enttäuschung zu machen. Die Auflösung für dieses Schreiben war es,

dieses Buch zu schreiben, um das Bewusstsein auf Ihre persönliche

Erfahrung Leben mit einem Psychopathen zu schaffen. Zur gleichen Zeit

war dieser Schriftsteller in der Lage zu lernen, basierend auf Forschung, die

die Merkmale eines Psychopathen sind. Diese Forschung war ein

Augenöffner für diesen Schriftsteller und viele Leser. Wie die Alkoholiker,

die Sexualstraftäter nie heilen. Die Beziehung zu Ihnen sollte auf Skepsis

beruhen. Lykken (1995) argumentiert, dass die Mehrheit der antisozialen

Verhaltensweisen bei Kindern durch die armen Eltern abwesend Väter und

unzureichende Mütter, die ihre Kinder vernachlässigen verursacht werden.

Vielleicht ist das Kind frustriert Sie oder vielleicht Ihre Elternschaft

Fähigkeiten sind subnormal und, So oder so, das Kind handelt (Lykken,

1995). Lykken (1995) nennt diese soziopathischen Kinder, und er glaubt,

wir können seine Zahlen mit besseren sozialen Fähigkeiten im Land zu reduzieren. Es liegt an den Eltern, dies zu tun, und wenn Elternschaft scheitert, kann das Kind mit diesen Merkmalen Sie durch Gewalt auszudrücken (Lykken, 1995). Die Meinung dieses Autors, das Kind anfällig für Psychopathie kann durch eine gute Zucht mit Merkmalen der Wege geführt werden Prosocial. Sie leben in allen Kulturen. (1948) glaubte, dass infolgedessen nur sekundäre Psychopathen anfällig für Behandlung sind, weil ihr Verhalten erworben wird und auf einem zugrundeliegenden Konflikt basiert und folglich die Fähigkeit besitzen, moralisches und ethisches Leben zu leben. Offensichtlich sind diese Arten von Cheating-Strategien (die auch aus Lügen, Betrug, List, Täuschung, etc.) werden häufig von Psychopathen in Ihrem täglichen Leben verwendet, und in der Regel gut für Sie arbeiten, insbesondere um Zugang zu gewinnen Tötungen und Ressourcen notwendig für das Überleben (Hare, 1993). Eltern, in geeigneter und sensibler Weise, lehren ihre Kinder über die mögliche Gefahr des Missbrauchs und wie es zu vermeiden. Achten Sie auf Warnzeichen, wie z. b. eine plötzliche Änderung des Verhaltens eines Kindes, die auf ein Problem hinweisen und wachsam sein, um ein Kind ungelösten Gefühle und identifizieren ihre Herkunft (Scott, 2008).

Die persönliche Reise dieses Schriftstellers in die Erforschung und Analyse von Psychopathie hat zu einer Katharsis und Offenbarung der

Augenöffnung geführt. Wenn diese Störung vor den unglücklichen

Erfahrungen dieses Verfassers als unschuldiges Kind erkannt oder

diagnostiziert worden war, würde er dieses gespeichert haben Autor von

psychischen Qualen und psychologische Fortsetzung. Konfliktlösung für

diese Situation kann nur auftreten, wenn Familienmitglieder wie eine

Mutter, Geschwister und nahen Verwandten zu verstehen und zu

erkennen, die Pathologie der Persönlichkeitsstörung wie Psychopathie. Um

eine Wiederholung der Vorfälle zu verhindern und zu vermeiden, die zu

diesem Verfasser aufgetreten sind, sollte eine Klassen Intervention

durchgeführt werden, um die mittlere männliche Störung aufzudecken.

Falls diese Konfliktlösung auftritt, ist die Fähigkeit, "die andere

Seite der Wirklichkeit" zu sehen, was uns vor den Angriffen eines

Psychopathen retten wird? Wir müssen Sie für das, was Sie sind und nicht

für das, was Sie versuchen zu vertreten, zu sehen. Die Gegenwart ist

wichtig; Die Vergangenheit ist Weg; Die Arbeit an den Traumata der

Vergangenheit macht uns heute zu einem besseren Menschen für die

Gesellschaft. Sobald wir die Erkenntnis bekommen, was uns passiert ist,

können wir uns nicht mehr verletzen. Es ist Zeit, sich zu erholen und das

neue Sie zu werden.

Nachdem das Trauma in der Vergangenheit abnimmt, stellt es nicht mehr ein Hindernis für Intimität dar. An diesem Punkt bin ich nicht mehr ein Opfer, sondern hat sich zu einem neuen Überlebenden. Beziehungen in der Zukunft sind bereit, mit Energie und neuen Ideen zu etablieren. Wenn das Opfer während des Wiederherstellungsprozesses an einer Beziehung beteiligt war, wird es einfacher, den Prozess mit einem Partner durchzugehen. Der Partner half mir mit dem Trauma.

Die Auflösung des Traumas ist nie endgültig, und die Genesung ist nie vollendet. Die Auswirkungen des traumatischen Ereignisses werden durch den Lebenszyklus des Überlebenden fortgesetzt. Es ist an den Überlebenden, Hilfe zu finden, um sich zu erholen, aber das wichtigste, um Frieden und Verständnis von dem zu finden, was geschehen ist. Konflikte, die in einer Wiederherstellungsphase ausreichend gelöst wurden, verhindern, dass Sie sich wiederholen und verschwinden. Der Grund für die Schaffung dieses Buches war, den Opfern zu helfen, die Resolution zu finden. Die Wahrheit ist Dass viele von uns haben Traumatische

Erinnerungen, aber es gibt einen Punkt in unserem Leben, dass wir sagen können: "heute werde ich aufhören zu leiden; Heute werde ich nicht mehr weinen. " Heute ist meine Zeit, glücklich zu sein. " Verzeihen und schaffen ein neues Leben für Sie heute. Wir können nicht zulassen, Erinnerungen zu jagen uns nach unten, oder machen uns das Gefühl Elend. Wir sind die Herrscher unseres Lebens, und wir haben die Macht zu ändern, wer wir sind. Heute ist der Tag, um ein gutes Gefühl über sich selbst, Sie zu sein und zu akzeptieren, andere für das, was Sie sind und wie Sie sind. Wir müssen uns wiederholen, dass wir gut sind, dass wir nicht mehr die Opfer sind; Wir sind die Überlebenden, und wir sind hier auf dieser Erde, um unsere Traumata zu ertragen, von Ihnen zu lernen und weiterzuziehen. Ich verstehe, dass es manchmal nicht leicht ist, vorwärts zu kommen, aber es muss getan werden, um zu überleben und ein besseres Leben als das Leben des Täters zu haben. Obwohl die Entschließung nie vollständig ist, ist es oft genug für mich als Überlebende, meine Aufmerksamkeit auf die Aufgabe des normalen Lebens zu wenden.

Nach Trauma und Wiederherstellung des Buches durch----------sind die folgenden Stadien zu befolgen, und alle sind miteinander verbunden. Es gibt keine Ordnung auf, wie wir diese Stadien handhaben; Der Überlebende geht durch einige dieser Stadien. Man kann vor den anderen kommen; Es gibt keine Ordnung, wie unsere Gefühle und Viktimisierung zu behandeln. Der wichtigste Teil des Prozesses ist, dankbar zu sein für Ihr aktuelles Leben und für die Änderungen, die Sie abgeschlossen haben und dankbar für das, was Sie jetzt haben, die Teil des Recovery-System ist.

1) die psychologischen Symptome der posttraumatischen Belastungsstörung sind überschaubar oder nicht existent gewesen

2) fähig, Gefühle zu kontrollieren, die mit Stress oder traumatischem Missbrauch, etc. verbunden sind.

3) die Person hat die Autorität, um seine Memoiren zu behandeln, und entscheiden, wann Sie zu entfernen und wann Sie auf der Seite verstecken

4) narrative Erinnerungen in Verbindung mit Gefühlen

5) Selbstwertgefühl wurde wiederhergestellt = dies muss auf einer täglichen Basis gearbeitet werden, ist es eines der am schwersten zu restaurieren.

6) wichtige Beziehungen wurden aufgebaut oder wiederhergestellt.

7) die Person hat ein kohärentes System von Sinn und glauben rekonstruiert, das die Geschichte des Traumas umfasst.

8) meine Theorie: ändern Sie Ihre Meinung, ändern Sie Ihr Denken wird dazu beitragen, zu ändern, wer Sie sind, weil Sie positiv sind und keine Angst davor, sich selbst.

Die Liste der Symptome von Hervey Cleckley Psychopathie:

http://psychopathyawareness.WordPress.com/category/INTIMIDATION/

1. beträchtlicher oberflächlicher und mittlerer Charme oder überdurchschnittliche Intelligenz.

2. Abwesenheit von Wahnvorstellungen und anderen Zeichen irrationalen Denkens.

3. Abwesenheit von Angst oder andere "neurotische" Symptome. Erhebliche Haltung, Ruhe und verbale Leichtigkeit.

4. mangelnde Zuverlässigkeit, Missachtung von Verpflichtungen, kein Verantwortungsbewusstsein, in Fragen von geringer und großer Bedeutung.

5. Lüge und Unehrlichkeit.

6. antisoziales Verhalten, das unzureichend motiviert und schlecht geplant ist, das von einer unerklärlichen Impulsivität ableiten scheint.

7. unzureichend motiviertes antisoziales Verhalten.

8. schlechtes Urteilsvermögen und mangelnde Lernerfahrung.

9. pathologische Egozentrik. Gesamt, Self-Center und eine Unfähigkeit für echte Liebe und Verbundenheit.

10. Allgemeine Armut der tiefen und dauerhaften Emotionen.

11. Mangel an wahrer Unterscheidung; Unfähigkeit, sich selbst zu sehen, wie andere tun.

12. Undankbarkeit für jede besondere Rücksicht, Freundlichkeit und Vertrauen.

13. Fantastic und anstößiges Verhalten, nach dem Trinken und manchmal auch, wenn nicht trinken. Vulgarität, Grobheit, schnelle Stimmungsschwankungen, Streiche für einfache Unterhaltung.

14. es gibt keine Geschichte von echten Suizidversuchen.

15. ein unpersönliches, triviales und schlecht integriertes Sexualleben.

16. nicht mit einem Lebensplan und Leben in einer geordneten Art und Weise (es sei denn, es ist für destruktive Zwecke oder eine Farce).

Liste der Symptome von Robert Hare es Psychopathie:

1. oberflächlich und simpel Charme-die Tendenz zu weich, attraktiv, charmant, gerissen, und verbal einfach. Der Psychopath-Charme ist nicht im geringsten schüchtern, Bewusst, oder Angst, etwas zu sagen. Ein Psychopath hat nie eine Zunge gebunden. Sie können auch ein großer Zuhörer, simulieren Empathie während Nulling in der Träume und Schwachstellen Ihrer Ziele, in der Lage sein, Sie besser zu manipulieren.

2. grandioses Selbstwertgefühl — ein grob aufgeblähter Blick auf die Fähigkeiten und das Selbstwertgefühl der selbst, Selbstsicher, stur, arrogant, Prahlerei. Psychopathen sind arrogante Menschen, die glauben, dass Sie überlegene Menschen sind.

3. Bedürfnis nach Anregung oder Neigung zur Langeweile-ein übermäßiger Bedarf an neuartiger, aufregender und aufregender Stimulation; Risiken eingehen und riskante Dinge tun. Psychopathen haben oft eine niedrige Disziplin Bei der Durchführung der Aufgaben durch die Kündigung Weil Sie sich leicht langweilen. Sie können nicht an der gleichen Stelle für einen Zeitraum von Zeit arbeiten, zum Beispiel, oder die Aufgaben, die Sie als langweilig oder Routine zu beenden.

4. pathologische Lüge-kann gemäßigt oder hoch sein; Auf eine moderate Weise werden Sie gerissen, gerissen, gerissen, gerissen und gerissen sein; In einer extremen Weise werden Sie täuschen, Lügner, unehrlich, skrupellos, manipulativ und Unehrlichkeit.

5. Betrug und manipulativität: die Verwendung von Täuschung und Täuschung zu täuschen, betrügen oder betrügen andere für persönlichen Gewinn; Es unterscheidet sich von dem Thema #4 in dem Ausmaß, in dem Ausbeutung und rücksichtslose Grausamkeit vorhanden sind, was sich in der mangelnden Besorgnis über die Gefühle und Leiden der Opfer widerspiegelt.

6. Mangel an Reue oder Schuld: Mangel an Gefühlen oder Besorgnis über den Verlust, den Schmerz und das Leiden der Opfer; Eine Tendenz, sorglos, leidenschaftlich, gefühllos und Ein einfühlsamer. Dieser Artikel wird normalerweise durch eine Verachtung für die Opfer von einem gezeigt.

7. Zuneigung Oberflächlich: emotionale Armut oder eine begrenzte Reichweite oder Tiefe der Gefühle; Zwischenmenschliche Kälte trotz Proben der geselligen Öffnen Sie und die Oberfläche-Hitze.

8. Unsensibilität und mangelnde Empathie: Mangel an Gefühlen gegenüber den Menschen im Allgemeinen; Kalt, verächtlich, unüberlegt, und Takt.

9. Parasiten-Lebensstil: eine absichtliche, manipulative, egoistische und ausbeuterische finanzielle Abhängigkeit von anderen, die sich in der mangelnden Motivation, der geringen Selbstdisziplin und der Unfähigkeit widerspiegelt, die Verantwortung für sich selbst wahrzunehmen.

10. unzulängliche Verhaltens Kontrollen: Ausdrücke der Gereiztheit, der Unannehmlichkeit, der Ungeduld, der Drohungen, der

Aggression und des verbalen Mißbrauchs; Unzureichende Kontrolle von Wut und Temperament; Handeln eilig.

11. Promiscuous Sexualverhalten: eine Vielzahl von kurzen, oberflächlichen Beziehungen, zahlreiche Fragen, und eine wahllose Auswahl von sexuellen Partnern; Die Aufrechterhaltung zahlreicher und mehrfacher Beziehungen gleichzeitig; Eine Geschichte von versuchen, sexuell zu zwingen andere in der sexuellen Aktivität (Vergewaltigung) oder sehr stolz auf die Erörterung sexueller Leistungen und Eroberungen zu nehmen.

12. frühe Verhaltensprobleme: eine Vielzahl von Verhaltensweisen vor dem Alter von 13, einschließlich Lügen, Diebstahl, Betrug, Vandalismus, Einschüchterung, sexuelle Aktivität, Feuer, Leim Inhalation, Alkoholkonsum, und läuft weg von zu Hause aus.

13. Mangel an realistischen und langfristigen Zielen: die Unfähigkeit oder das anhaltende Versäumnis, langfristige Pläne und Ziele zu entwickeln und umzusetzen; Eine nomadische Existenz, ziellos, ohne Richtung im Leben.

14. Impulsivität: das Auftreten von Verhaltensweisen, die vorsätzlich sind und mangelnde Reflexion oder Planung; Unfähigkeit,

Versuchung, Frustrationen und momentane Impulse zu widerstehen;

Mangelnde Beratung ohne Berücksichtigung der Folgen; Rücksichtslos,

rücksichtslos, unberechenbar, launisch und rücksichtslos.

15. Verantwortungslosigkeit: wiederholter Mangel an Einhaltung

oder Ehre der Verpflichtungen und Verpflichtungen; Zum Beispiel, nicht die

Zahlung von Rechnungen, ausfallen Darlehen, Durchführung sorglose

Arbeit, fehlende oder verspätete Arbeit, Nichteinhaltung vertraglicher

Vereinbarungen.

16. Nichterfüllung der Verantwortung für seine eigenen

Handlungen: Nichtübernahme der Verantwortung für Handlungen, die sich

im tiefen Bewusstsein, der Abwesenheit des Gehorsams, der

antagonistischen Manipulation, der Verweigerung der Verantwortung und

der Anstrengung zur Manipulation zu anderen. Durch diese Ablehnung.

17. viele kurzfristige Beziehungen: das mangelnde Engagement für

eine langfristige Beziehung spiegelt sich in inkohärenten, unzuverlässige

und unzuverlässige Verpflichtungen im Leben, einschließlich der Ehe und

familiären Bindungen.

18. Jugendkriminalität: Verhaltensprobleme im Alter von 13-18;

Meistens Verhaltensweisen, die Verbrechen sind oder die eindeutig

Aspekte des Antagonismus, Ausbeutung, Aggression, Manipulation oder eine unempfindliche, rücksichtslose mentale Härte beinhalten.

19. Umkehrung der Freigabe der Bedingung: eine Umkehr der Bewährung oder andere bedingte Freisetzung aufgrund technischer Verstöße, wie Sorglosigkeit, geringe Überlegungen oder nicht erscheinen.

20. strafrechtliche Vielseitigkeit: Vielfalt der Arten von Straftaten, unabhängig davon, ob die Person verhaftet oder verurteilt wurde; Unter großem Stolz in immer Weg mit Verbrechen oder Fehlverhalten.